ダウン症のこころ

愛児クリニック院長　**飯沼和三**

人は、自分を幸福にする権利を持っている
人は、他人を不幸にする権利を持っていない
権利の行使は万能ではない
　この認識に至り、人格が成る

(ダウン症児の教育要諦)

これからは、個々の高徳知識などではなく、総和の意欲によって自然とこの世の中をよくしていくことだ。

(白井喬二「煉獄の一生」)

目　　　次

第1章　教育の認識 ………………………………… 1
　教育と挫折　1／親と教育　6／好きの記憶　8／カリメロの口　11／教育をするとは　15／新しい概念　16／教育こそが治療　18

第2章　療育が必要なわけ ………………………… 21
　適切な療育が必要　21／本当に幸せですの気持ち　23／あら見てたのねー効果　25／家庭こそが療育の場　28／自信をつけること　29／拍手の特別な意味　31／保育園・幼稚園の環境　32／療育の基礎固め　34／完全主義の弊害　36

第3章　早期療育の柱は歩行機能 ………………… 39
　歩行機能の意味　39／臆病との闘い　40／立つ　41／ハイハイの条件　44／音楽の利用　45／呼吸リズム　46／乳児の状況判断力 47　／姿勢のはなし　49／こ、これ以上曲がらない！　50

第4章　知能の発達 ………………………………… 53
　性格を見抜くことから　53／知能指数は一定ではない　54／抽象化の能力　57／言葉の問題　59／微妙な親子関係　63／ダウン症乳児に説明する　64／父親にピエロ役を　66／究極のヤキトリ作戦　66／言葉の発達を邪魔する要因　68／ヴァーチャル世界と赤ちゃん　69／アルツハイマー病とダウン症　70／知的発達を薬物で遂げようとする間違い　71／難しいのは動機づけ　73／落ちこぼれの成功者　74

第5章　つきまとう差別と偏見 ………… 77

進化論との交雑　77／アメリカのADA施行　79／教育可能の数値が増える　80／自殺した友への思い　83／算数の優等生をけなす教師　87／予言された乳児健診　88／心臓移植とダウン症　90／差別は、空気でわかる　91／母親の付き添いが交換条件　93／プール教室の付き添い　95／ダウン症の診療所なら貸さない　96

第6章　成人のイメージ ………… 98

成人したわが子を想像して　98／あかるい未来像につながる告知　99／親に握られたダウン症児の人生　101／母の指示があれば優等生　103

第7章　誤解される退行 ………… 107

退行青年の合宿　107／退行という現象を知る　111／箸が怖い　112／ぺっぺと唾吐きの小学6年生　113／45歳の男性としばしの会話　116／多幸感（Euphoria）に没入　119

第8章　性教育について ………… 122

性への偏見と差別　122／年上の猥談から伝えられる　123／性への関心と行動　124／性教育用の教本を譲られて　125／どこまで行くのか性教育の精神　126

第9章　情報の鎖国、日本 ………… 128

Yogo Gakkoを知ってるかい？　128／別次元の親の会活動—海外と日本の違い—　130／ダウン症と政治　133／大学とダウン症の受け入れ　135／神国は嫉妬心国　136／Beautiful Faces13年後の再会　138／ドーバー海峡を泳いだダウン症女性　140／重量挙げ大会で堂々3位　141

第10章　生活編 ………… 142

自由を愛する魂　142／意志決定を一任されること　143／だましが許される場合　144／約束の条件　145／自律神経の働き方　146／冬を迎えて　147／春を迎えて　147／夏のご注意　148／乳児と朝の行事　149／年齢による玩具選び　150／反抗的な態度への対処　150／特別な4歳の反抗期　151／へそま

がり 153 ／学校のいじめと抵抗性 156 ／おい，あの子には手を出すな 158 ／離乳食とおとぎ話 159 ／離乳食ともぐもぐ動作 159 ／新しい味の刷り込み 160 ／食べ物の好き嫌い 161 ／強制的に好き嫌いをなくする 162 ／友だちに手を出すダウン症児 163 ／「痛いは文化」 164 ／予測による行動 166 ／消費者運動と軌一 167 ／一人暮らしのこと 168 ／死ぬということ 170

第11章　ダウン症の重度障害 …………………172

療育の効果が期待できない児たち 172 ／少数の重度障害児 173 ／自閉スペクトラム症という用語 174 ／希望を捨てないで 176 ／言葉がなくてもコミュニケーション 177

おわりに ………………………………………179

第1章　教育の認識

　この本を書いたのは、ダウン症候群（以下、本書ではダウン症と統一）で生まれた子どもにとって、「正しい教育」こそが何よりも優先して与えられなければならない、ということをわかってもらいたいからです。そんなことは、改めて言われるまでもなくわかっている、と反発する方が、大勢おられるでしょう。しかし、人生のすべてをかけて実践するべき対処方法として、「正しい教育」を追究するということは、長年ダウン症療育とつきあってきた体験の中から、必然的に抽出された巨岩のような概念で、その岩の表面は、そこにある現実の様相により、触れればけがをしかねない厳しさをまとったものです。

◆教育と挫折

　厳しい現実の例を、とりあげます。

　1979年冬、私はあるダウン症女児に出会いました。当時、地方の小児専門病院に在職していた私は、外来の診察にあたり、紹介状を開きました。地元の小児科医からの情報提供の文章を読むと、この女児は、6歳となり、小学校入学年齢に相当し、ダウン症と診断され、最後に発達テストを受けたところ、健常児より良い発達指数が出された。検査をした診療所では、別種の知能発達テストを施行し、それもまた健常児より良い結果が出て、それでも、さらに別種

のテストを実施して、結局、どれも健常児の標準以上の指数がでたそうです。

　私は、海外のダウン症の知能発達の状況について、こういう児童が出てきていることを、長年出席してきたいくつもの専門家会議で耳にしてきましたので、「ああ、ついに日本でも高い知能を持つダウン症児がでてきたんだな」と感慨にふけりつつ紹介状を読み終えました。まれな事象にでくわした紹介医の慌てぶりには同情しながら、こういう現実があることを、どのようにしたら、広く認識してもらえるようになるだろうかと、考え込みました。診察に付き添ってきた母親に、よくぞ、お子さんを理想的に教育されましたと、激褒めの言葉をかけたのも、当然のことです。

　その後、私はさまざまな事情から、この女児に触れる機会を持ちませんでしたが、アメリカでの学究生活を終えて帰国すると、すぐさま、あの賢いダウン症児が、小学校に入学して４年生になっているはずと思い出し、親御さんに電話をかけました。母親が電話口に出て話をしたとたん、あの賢い子どもが、その後、教育界に新風を吹き込んでいるにちがいないという当方の抱いていた期待は、あえなくしぼんでしまいました。

　母親の話によると、まず入学決定にあたり、地元教育委員会が、『この子は特別支援学校相当だ』と決めて、親御さんにその決定に従うように求めたそうです。子どもの賢さを見れば、その判定は不適切なことは明らかなのですが、教育委員会は、一度もその女児に面接もしなかったそうです。「お母さんは、その決定に異議をとなえなかったのですか？」と、多少非難口調で訊ねたのですが、母親から「先生は私の仕事をお忘れですか？」と返されて、思い出しました。彼女は小学校教諭だったのです。封建的身分制度とも言える

厳しい組織の下、一教諭の身で、恐れ多くも権威の頂である教育委員会にたてつくことなど、およそ考えられないことだったでしょう。さらに、入学前までにお母さんが担っていた学習を、小学校に入学してからも続けたのでしょう？　と尋ねると、「いや、学校に入ってからはすべて学校側に任せて、一切口をはさまないで、きました」と言う。その頃、教師の授業のやり方がまちがっていると、ねじ込んでくるモンスターペアレントのことが新聞等で、何度か大きな記事になっていましたので、そういう配慮もありか、と思わされました。重ねて現在の女児の学力は？　と聞くと、まったく小学校入学前から向上していないとのことでした。

　あの賢いダウン症女児が、その後、このような顛末を迎えたとは、どうしたことでしょうか。深刻な反省と徹底した考察が求められます。なぜ、順調な知的発達を遂げていた女児が、知的停滞をきたしたのか、原因を探らずにすますことはできません。幼稚園までの経過から考えて、小学校入学の時点で、突然、知的学習能力が停止するような明確な要件は、どうしても思い浮かびません。脳の中に、生来から秘められた時限爆弾的な時計が、7歳になって知的活動を一挙に止めることがあるだろうか？　何らかの先天的代謝疾患があれば、あるいは、てんかんとかの神経障害症状を呈して、脳組織が破壊されることは、純粋理論上はありえますが、普段の行動のようすからは、神経系の障害は全く見られていません。となると、脳内部の障害からというよりも、環境からの影響しか考えられません。

　特別支援学校の教育環境を考えてみます。クラスの生徒は、知的障害をもつ子どもばかりと、教師は受け止めていたことでしょう。その中に、普通児よりも賢い生徒が一人紛れ込んでいたら、教師は

どんな態度をとるだろうか。まず最初、その生徒が賢いことに気づくだろう。しかし、教師は、クラスの複数生徒の教育を引き受けています。一人の抜きんでた優等生を、別格の優等生として持ち上げながら、正式の授業は円滑に運ぶだろうか。私は、想像してみました。いつも、授業の腰を折る優秀な生徒（ただ一人）に応じることは、全体の進行の妨げとなるので、教師はどうするだろう。おそらく、「黙って授業を受けなさい。ひとりだけが目立つ行動をひかえなさい。みんなに合わせた行動をしなさい」となるでしょう。他の生徒の言動に自ら合わせることで、入学前までのとびぬけた知的発達の速度は、おそらくは、極端に落ちることになったでしょう。さらに、母親は、入学以後は学校の教師に一任をしたので、家庭で個人的な学習の面倒をみなくなりました。

　アインシュタインの脳を持った赤ちゃんが、密林の奥地に住む少数民族の子どもとして生まれたら、果たしてノーベル賞を獲得するような治績をあげられるだろうか。さらには、もしかしてそんな子が大都会に生まれても、学校の教師に散々嫌味なことをされて、頭脳をつかって思考することがすっかり嫌いになったとしたら、その先はどうなるかとも、考えが走ります。つまり、**教育にはその子どもの生涯に良い効果をもたらす教育と、逆の効果をもたらす（反）教育がある**と言えそうです。

　この考えから、ダウン症児と教育の関わりについて、さらに考察が深まります。ダウン症児の知的発達には、生まれる前から、すでに発達に限界があると考えるべきなのか。熱心に教育をしても、一定水準よりも上の知的発達は起こらないと断定することができるだろうか……。医者の多くは、染色体異常の細胞で身体が出来上がっている限り、そこには、もうこれ以上は到達できない知的発達の壁

があると考えがちです。将来の発達について、親御さんが質問すると、何気に、「知的発達は概して遅れるでしょう」と言い、さらに加えて、「でも、一部に賢い子どもも稀にいますから絶望しないようにしましょう」と、励ましているのか失望させているのか、意味不明な言葉の使い方をして、終わります。

　学習能力の向上に関して、その可能性を表す英語に、educableという言葉がよく使われます。教育をすると、それに良く反応し、効果があがるという意味です。1960年代のダウン症に関する記述では、稀にeducableな子どもがいると書かれていましたが、1970年代を過ぎるころから、従来考えられていたよりも多くの子どもがeducableであると、記述されるようになりました。私の経験では、概算統計の数字ですが、およそ90％がeducableで、残りの10％弱がnon-educable、つまり教育してもあまり効果が表れてこない子ども、と区分することができます。この数字を、2011年にテキサス州サンアントニオ市で開催されたダウン症専門家会議で持ち出したところ、他の専門家からも賛同の意を表されました。熱心に教育をすることで、こんなに多くの割合のダウン症児が教育の恩恵を受けられることを、親御さんと教育関係者一同の胸に刻み込む必要があります。

　実は、ダウン症児が小学校で悪戦苦闘する科目に、算数があります。大体、小学校2年生の段階で足踏みします。海外でも同様な認識で、"小学2年生の壁 the wall of grade 2" と呼ばれています。ところが、その壁をやすやすと乗り越えた子どもが、私の外来では、複数います。さらに、海外のニュースレターを閲覧していて、小児科医の両親のもとに生まれたダウン症児が、この壁を破ったと報告されていました。国を越えて同じ認識があることも興味深いの

ですが、さらに壁を破った子どもが現実にいるとする情報は、どこの国のダウン症児であろうとも、すべての親御さんに、勇気を与える情報となるでしょう。

私が体験した算数の才能があるダウン症児には、共通の特徴がありました。それは数字を扱うことにまったく引け目を感じず、好んで数字を操作する遊びに興じるということでした。一人は、幼稚園時代に算盤塾に通っていました。初めて習う子どもたちにうまく算盤技法を教えるために、算盤の教師が日ごろから研究グループをつくって、議論を重ねていたそうです。算盤自体にも工夫を加えて、縦に長く、横に液晶画面がついていて、数字が表示されるそうです。子どもの興味を引くために、さまざまな工夫をする算盤の先生がいることは、ダウン症の療育の側からすれば、頼りになる助っ人がいるという感じです。

このことから、ダウン症児の学習能力が高くなるためには、まず、本児がその課題にこよなく関心を寄せることが重要だと気づかされます。親の考える都合に沿って、特定の課題に興味を抱きなさいと子どもに要求しても、実現しそうもないことは、よく考えればわかりそうなものですが、現実には、親が叱ったり、過剰な激励を与えて、勉強させればよいという風潮は、依然として続いています。このような強制的な勉強が効果を発揮することは、おつきあいの術に長けている健常児になら、ありうるかもしれませんが、ダウン症児には、いっさい成果がありません。

◆親と教育

親は、子どもの教育を、熱意をもって志向します。なぜ、そうするのでしょうか？　それは、当の子どもの将来に向かって良い準備

をさせようとする親ならではの動機があるためで、他の人には、そのような動機が宿ることはないのです。親御さんの真摯な教育への取り組みは、現実を見据えた準備計画として、意味があります。単純な思考だと、そこに義務教育があるからという、とんちんかんな回答がされることがあります。学校に通ってこそ教育が実行されると、学校教師が泣いて喜ぶような錯誤認識があります。

　学校は教育の本質的な土壌ではありません。親御さんは、子どもを社会的束縛の下で、通学させるという選択肢の一つを選んでいると受けとめるほうがよいでしょう。知的詰め込み教育だけならば、子どもにとって、大好きな iPad を通じて、情報源に接することで、積極的に知識を吸収するほうがはるかに効率がよいのです。学校に行くというのは、社会の単位である家族の成員が、おつきあいで登校しているという姿勢のほうが、本質を示しているように思われます。教育は、生きている限りいつでもどこでも必要だし、特に、親子の間での教育は、とても大切です。

17 世紀には、貧困を嫌ったヨーロッパからの移住民、それも若い世代の男女が、幌馬車に乗り、新世界と呼ばれたアメリカの大陸の各地に分け入りました。先住民のインディアンを、追い出し（殺戮して）、一帯の土地を奪い、定住しました。若夫婦は、小屋を建て、畑をたがやし、新たな生活を始めます。やがて、赤ちゃんが生まれてきます。次の世代を担う子どもたちです。しかし、周囲に学校はありません。学校神話に従うならば、そんな環境で育った子どもに待っている未来は、無教育で粗野で社会的な落伍者になる運命だと考えるしかありませんが、現実は、どうだったでしょう。かって、ボストンとかメリーランドと呼ばれた小さな村が、今、どれほどに発展していることか。開拓者の子孫が無教育ならば、繁栄をみ

ることはなかったはずです。子どもたちは、親の夢を受け継いで、土地の発展を実現したのです。賢く、知性のある人たちに育ったからでしょう。

では、誰が子どもたちの知性を育んだのでしょうか。親しかいません。開拓の過酷な生活を送る中で、さまざまな知恵の使い方を、子どもたちに伝授したものと考えられます。学校という決められたカリキュラムのもとで教育体験をしないと、教育されないことになるというのは、完全な誤りです。

◆好きの記憶

ダウン症児の場合、教育をする理由は、非常に限定されます。端的に表すなら、**人間力を身に着ける**ということになります。健常児なら、全くちがう視点から突き詰めていきます。学歴競争社会で勝ち抜いて、優位を獲得するということも許されるでしょう。オール5の通信簿成績を狙って、そのための猛烈な学習に打ち込むというのもありでしょう。勝てば官軍という倫理観の教育なので、テストの点数に一喜一憂せざるをえません。

しかし、ダウン症児はちがいます。彼らの脳は、競争用にはできていません。知能の"欠陥"という言葉がしばしば用いられます。ダウン症児には、この知能の欠陥があります。ただし、その本質を理解していないと、とんでもない誤解に基づく偏見に至ります。ダウン症児には、本質的に"我欲" selfish ego という妄執の能力が欠けています。健常者の精神とダウン症者の精神とをくらべてみましょう。すると、知能の働きで著明なちがいがみられるのは、"我欲"と濃い関係がある特殊な精神活動に限られること、だとわかるはずです。

ダウン症では、記憶力に欠陥があると、医学書では明記されています。本当でしょうか。実際には検討の余地があります。

　幼稚園・保育園に通っているダウン症児の音楽と踊りに対する感受性の豊かさは、しばしば周辺の大人たちを驚かせます。運動会で、園児が一斉にそろって踊るというのは壮観な見ものです。保育士さんは、複雑な手順の踊りをまず踊って見せます。その時、たいてい、ダウン症児は、すべての一挙手一投足も見逃さないぞと言う目つきで、真剣に見ています。健常な子どもは、それほど真剣ではないようすです。翌日から、運動会に向けて踊りの練習が始まると、多くの健常児は、途中までしか覚えていませんから、指導者も、はい、やめー、もう一度最初からやり直し、と大声で指示します。その時、ダウン症児は奇妙な仕草をします。なんで踊りを途中で止めたんだ。なに、練習だって？　その意味は何だ、となり、以後、練習に身を入れなくなります。それどころか、他の子どもの練習を邪魔したりさえします。園の先生も保護者もこのようすをみて、心配します。そして、本番の日になりました。ダウン症児は最初から終わりまで踊りを完璧にできました。つまり、一度食い入るように見ていた時に、踊りをすべて記憶していたのです。このように、ダウン症児が本番に強いと表現される現象は、さまざまな状況の中で、目撃されます。

　ダウン症児の脳は、本人が記憶しようとした事項については、各段に優れた記憶力を発揮するのが特徴です。しばしば健常者よりも良いぐらいの記憶能力です。と、同時に、ダウン症児は自分が関心を抱いていない事項については、あきれるほどに記憶しません。健常児だと、親が、がみがみ言うと、仕方なしに、まるでおつきあいをするかのように、ある程度の記憶能力は発揮することがあります

が、ダウン症児は、この点は、みごとにゼロです。無理やりに勉強をしても、彼らには効果はありません。つまり、興味を抱いた事柄については、健常児以上に記憶力を発揮するのに、関心がないことについては学習しないのです。このことをわきまえて、ダウン症児の知能を伸ばす工夫をしないと意味がありません。

　実例です。あるダウン症児が、祖父母の実家がある田舎に、夏季休暇で訪れました。数家族の親戚縁者が集まり、幼い子どもたちも含めて10名近くが入り乱れて、にぎやかで楽しい時間を過ごしました。2年後、親から驚きの話しを聞くことができました。なんと、その時いっしょにいた子どもたちの名前を、そのダウン症児が一名残らず正確に言えたというのです。親のほうはあいまいにしかおぼえていなかったので、皆の集合写真と照らし合わせてみて、その児の記憶が正しいことを確認したという話しでした。

　診察のさい、5歳を過ぎたダウン症児の記憶について、親に尋ねることがあります。「何か図鑑のような書物を気に入って、見入っていることがありますか」と訊くと、「あります、あります、妖怪ウォッチ図鑑をじっと見入っています」と言うので、それなら、絵をみて妖怪の呼称名をいえるかと言うと、その児は実際に言えたのです。そのあげく、カタカナを楽々と読めるようになりました。

　他の児は、動物図鑑がお気に入りです。マレー熊の頁に漢字交じりで解説があり、それをいつのまにか読んで、記憶していました。どこの国に行けばみつかるかと尋ねると、マレーシアと答えます。さらにその国はどこにあるかと尋ねると、世界地図を指さして教えてくれました。

　別のダウン症の男の子は、新幹線に興味を抱き、絵を見て何々線と、路線名を言えましたが、一年後には、始発駅と終着駅を言えま

した。ほどなく、その駅が日本地図上のどこにあるのかを指せるようになりました。同時に、博多とか富山とか上越とかの漢字をすらすらと読めるようになりました。小学校では一般のクラスに所属していて、同級生から「新幹線博士」という綽名で呼ばたそうです。

　ですが、医学書には、依然として、ダウン症児は知的能力の発達が遅れ、特に記憶力に乏しいと断定的に記述されています。医学生は、教科書に書かれていることは、医学上の定説であり、疑いの余地はないと信じているので、しだいに理解と現実の間に大きな溝が掘られることになります。時間をかけて、ダウン症児の知恵のつき方を実地に体験すれば、多くの医者がそれまで抱いていた偏見を修正することができるはずなのですが、実際には多忙をきわめる臨床現場にあって、そのチャンスはほとんどないのです。

◆カリメロの口
　ダウン症児は、楽しい気分を伴いながら体験した内容を、長期にわたって鮮明に覚えています（ダウン症児の知能を伸ばすこつがここにありそうです）。楽しい気分に包まれていることが、どんなようすからわかるでしょうか。乳児を観察してみましょう。すると、玩具とか遊びに夢中になっているとき、一定の特徴が見られます。上唇が微妙に突き出され、真ん中の部位がとがっているのです。私の診察外来では、これをカリメロの口と言って親ごさんに説明します。口唇にこの三角形が見られるとき、児は**「絶好調」**と叫んでいるのと同じなのです。このとき頭脳は絶好調な状態で、体験し感知したもろもろの情報は、鮮明な記憶となり，蓄えられます。取り出しも順調です。つまりは、頭脳明晰な子になるというわけです。

　反対に、ダウン症児が気分を害したり、おじけづいたり、いやい

カリメロ口をした乳児

やの感情と共に体験したことは、すぐさま記憶から消されます。要するにダウン症児に無理やり学習をさせることには意味がないのです。彼らを教育したい親としては、何か工夫をして、子どもの気分がノリノリになってきたら、その時こそ学習のチャンスです。どうすれば、ダウン症児に興味を抱かせることができるか、という一点に、学習の運命がかかっているのですが、これは、かなり難しい課題かもしれません。こういう頭脳の使い方の特長がわかったならば、いわゆる全方位型の知能向上を目指すのではなく、一つの狭い領域の知能を徹底的に深めるやり方のほうが、成功への近道だと思われます。言ってみれば**職人型のやり方**と言えましょう。

あるダウン症の小学生は、4年生のとき、ラーメン屋になりたいと一大決心をしました。自宅近くのラーメン激戦区と言われる某駅の店を食べ歩き、その結果、ある店に目を付けました。母親につき

そってもらい、その店の店長に弟子入りしたいと申し入れました。職人気質の店主は、弟子を一人も取るつもりはなかったのでしたが、その子と真摯に言葉のやりとりをした結果、まじめな思いを受け止め、弟子入りを受諾しました。ただし、ちゃんと中学校を卒業してからという条件で。

　以来、そのダウン症の小学生は、勉強に身を入れるようになりました。さらに、大人向けのラーメン事典のような本を図書館から借り出して、読みふけりました。その子が中学生になったころ母親からその読書のことを聞いた医者は、「じゃあ、かん水ってどんなものか説明できる？」と意地悪な質問をしたところ、なんとその子は、延々と３分近く説明の言葉を続けました。普通ならせいぜい30秒で終わってしまうような話しなのに、あまりの博学振りに、医者は参ったという心境にさせられたことでした。

　かなり以前の話しになりますが、当時、飛ぶ鳥落とす勢いだったPL学園から、一人の野球選手が西武ライオンズ球団に入りました。清原選手です。球団の本拠地がある所沢市は大騒ぎで、そのためにある小学校６年生のダウン症男児が清原選手に関心をもちました。熱狂的なファンになったのです。その結果、毎日、新聞のスポーツ欄を見て、清原選手の今の打率は何割何分何厘か親に報告するようになりました。さらに、今日の試合で何打数何安打だったから、計算すると最新の打率はこうなると、卓上計算機をつかって、算出するようになりました。そうなると、同じ西武ライオンズの他の選手の名も読めるし、書けるようになりました。ですが面白いことに、他の球団の選手に関する知識は、まったく脳が受け付けなかったそうです。

　これも別の話ですが、以前、４歳のダウン症の男児が母親と祖母

に連れられて、私の外来にやってきました。診察台の上には、ちょっと大きめのキーボードが置かれていました。キーを押すと、音と同時に、キーの内部が光って、目を引きます。その児がとてもうれしそうにキーボードをたたいているのを祖母がやさしく見守っていました。その後、祖母が同じような光り誘導型（光ナビ）キーボードをその子に買ってくれると、彼はキーボードを片時も離さず、いつもボタンに触って音楽を楽しんでいると母親からの報告がありました。まもなく幼稚園では友だちの園児からピアノの天才と言われるようになり、6歳になって卒園式ではピアノを弾く係に推挙されたそうです。

　その頃彼はとても気難しそうな顔つきをしていたので、私は「ベートーベン」と綽名をつけていました。小学校2年生頃に、母親が、「この子は、聴いた音楽をその通りに弾けるんです」と言うので、素直でない医者として、外来においてあったCD機器で、モーツアルトの曲、エルビスプレスリーの歌、それともう一曲をそれぞれ10秒前後再生演奏して、さあ、同じに弾けるかいと、挑戦してみました。みごとに弾きかえされました。彼は光ナビのキーボードが自動演奏する際に、光るキーを追い押しをしていたそうで、それにより音程を覚えたとしか考えられません。そこで、はっと気づきました。これは**絶対音感**の世界ではないかと。音符とか楽譜を理屈で理解するのではなく、生の音そのものを記憶することで、音を自由に出し入れする脳を手に入れたのではないでしょうか。それができたのも、そもそも子どもが興味をもったことから始まったのです。

◆教育をするとは

　全く外部から教えられなくても、人間の潜在能力は最後には、自然から与えられた世界として、みごとに花開くことになっているという考え方が、教育を論じる中で声高に叫ばれていることが、現実にあります。かつて外来で、2歳前のダウン症児の診察をしているとき、紙に何かの線を書くことができるかどうか知りたくて、ボールペンを子どもに持たせ、紙にその手を近づけようとしたところ、そばにいた母親から「先生っ！　自分からペンを持とうとして持ち、書こうとして書くことを理想としていますので、先生が子どもにむりやりやらせることはしないでくださいッ」と大声で怒られ、その雷鳴のごとき声に負けて、手がひっこんでしまったことがありました。そしてその論理をおかしいと感じてはしても、論破する気持ちまでは、わいてきませんでした。

　その子どもの運命のほとんどを握っているのは、所詮その母親であることは明々白々。母親の信念のもとで教育されるのを避けることは不可能でした。余計なことを言わないで私が診察をすすめたので、親子はひきあげましたが、その後でこうした考えはどこから生まれたのかと、考え込みました。新しい体験を周囲の大人たちが教えないで過ごす中で、子どものうちに、自然の体験を求める力が生じて、たとえば、算数の基本概念であるユークリッド数学を、自ら打ち立てることができるというのでしょうか。リンゴが落ちるのを見て、ニュートン力学を独学でわかるというのでしょうか。幼い存在には、教えるということが絶対に必要です。問題は、教える中身なので、それに関して論議をするのは正しいでしょうが、教えることを否定したら、高い知性を獲得することはできません。

　教育はスタイルから入ります。ダウン症児の場合、リトミックと

かモンテッソリー式の教育とか、何かの形式に作られた教育方法がありますが、それぞれをどんなに比較しても、最も優れた方法はこれだということはできません。どの教育が最善だと決められない中、教育を放棄するつもりがないのなら、これはと思える教育を、まずやってみることです。これはダメだと感じたら、さっさと別の教育に乗り換えることは、ありだと思います。

◆**新しい概念**

　ダウン症の発達に関して、頑迷な思い込みがひろく存在しています。短命である、病気にかかりやすい、病気になると重症化しやすい、まともに歩けない、知能はかならず遅れる、何かに固執しがちで意固地である、言葉は一生未発達、普通の学校に行っても授業についていかれない、などなどです。これらの考え方は、徹底した批判にであうと、容易に修正される事柄です。

　私は、運命のいたずらから、1971年から大学病院の小児科外来で、ダウン症の相談を担当する医者として働くはめになりました。まだ、十分な小児科研修も済んでいない未熟な身で、その職務を引き受けるべきでないことは明白でした。それでも半強制的に指示されたので、それまで担当していた先輩医者たちに聞き込みを始めました。すると、その回答は予想もしなかったものでした。ほとんどが「まあ、親の気持ちをなだめるように、気楽にやればいいのだ」とか「要するに家族の愛情をかけて、ペットのように育てればよい」とか、医学的な意味合いのある助言は、まったくと言っていいほど、ありませんでした。そのとき、耳よりの情報が入ってきました。当時、新宿に10名前後の家族が集まって、子どもの教育について意見を交換しているらしい、というのです。早速、連絡をと

り、日曜日に開催される集会への出席が許されました。普通の家の玄関をあがると、10歳くらいのダウン症の男の子がいて、こちらを見るなり、「こんにちは」と言いました。これが、ダウン症の親の会「子ヤギの会」との出会いでした。

　討論を聞いていると、ダウン症児の頭をよくする薬剤が、日本の製薬会社から出ているとか、その薬剤の保険取り扱いを認めるべきだという記事が新聞に掲載されたとか、当時最大の親の会であった「小鳩会」が、会員にその薬剤を必ず服用するよう会員に郵送し、費用を徴収しているとか、要するにそんな薬剤を服用することを容認するかどうかで、議論沸騰しているようでした。子ヤギの会は、薬物投与で頭が賢くなると考えることに徹底して批判をつづけてきたためか、会員もわずかな数でした。その後、私は、海外からダウン症療育に関わる文書を検索を通じて入手し、会の議論に、新たな判断材料を提供するようになりました。幸いなことに2年くらいして、日本で、この薬をダウン症児に飲ませて、1年後に知能検査を行い、比較するという公認の投薬実験が行われ、効果がないと結論がだされました。この研究グループの最後の研究者集会に顔を出すことができたのは、偶然とはいえ、幸運そのものでした。

　この「子ヤギの会」に協力する中で、私の考えは、良い教育をすることこそが実効性を有するのではないかと言う考えに収束してきました。アメリカのダウン症事情を現地で調べても、同様な感触が強くなってきましたので、親の会の運動の基調は、教育こそダウン症児のために最優先すべきことという考えにまとまってきました。今思い起こしても正しい考え方だったと思います。

◆**教育こそが治療**

　さまざまな体験をする中で、思い込みがいかに誤った道に導きやすいかを痛感し、一般常識にとらわれない視点で、ダウン症を見直していくと、いくつか、先人が気づかなかったことが見えてきました。その最初の概念は、「ダウン症は病気ではない＊」というものです。確かにダウン症児の身体には、心臓、消化管、骨格、皮膚とあらゆる各部に、病気が見つかることが多いのですが、その病気自体には、専門家の医者が存在していて、みごとに健常児並みの水準に治してくれることが次々と体験されました。病名そのものは、確かに学問的に定義をすることができる認識内容を示していますが、そのような病名をいくら連ねても、ダウン症と認識することにはなりません。

　病名があろうが、なかろうが、本質的なダウン症と呼ぶべき内容は何だろうかと考えをすすめ、そして、染色体異常から派生した特別な体質を総称するのが、ダウン症と言う言葉であろうと、つきつめました。「体質」と言う言葉は、とても便利な医学的用語です。糖尿病体質、虚弱体質、アトピー体質という概念は、広く普及しています。「体質」の前につく文字によって、その体質に起因する課題を表わすのです。しかも、「体質」がわかっていたら、そこから派生する疾患を予想することも可能です。発病していない段階で、対策をとることができます。

　ダウン症の本質的な「体質」は、21番染色体が細胞ごとに、過剰にあり、細胞の機能が乱れた結果として、細胞数が不足気味となり、胎児期の身体作りにおいて、各臓器や組織の出来栄えに、いく

＊飯沼和三『ダウン症は病気じゃない』大月書店、1996年

ばくかの欠損を生じた状態であると考えることもできます。その状況下で、神経系の信号経路で閾値設定の甘さがあって、身体の関節が過剰にのびてしまうこと（筋緊張低下）とか、認知能力の発達を担う中枢神経系のシナプス連携が未完成なまま誕生してくるとか、身体の基本そのものに、生まれつきの脆弱性をともなうことが、確かな特徴ととれます。これを、「体質」と呼ぶことに異論はないでしょう。特徴ある「体質」はあるが、病気という言葉で表現する内容ではないという意味から、ダウン症は病気ではないという主張を提案しました。最初は、医学界でも奇異の念で受け止められましたが、近年になって、同じ主張が医学書に記述されるようになってきました。ダウン症の見方が変わってきているのではないでしょうか。

2001年、海外で活躍するダウン症の青年たちを取り上げた記事を医学雑誌に発表しました＊。これらの傑出した先駆者たちに敬意を表して、彼らは、「ダウン症の文化」を顕現化した存在と称えました。私自身の体験ですが、ダウン症幼児がおもちゃの太鼓を叩いて遊んでいたところ、ドイツの交響楽団の打楽器奏者が偶然に聴いて、即座に、その幼児を指さして、「この太鼓の音は天才だけが出せる」と断言したことも添え書きしました。わが国でもおくればせながら、ダウン症の青年の才能を高く評価する動きが、起こってきています。

ダウン症児にとっての教育の意味、実績効果を、つぶさに検討した結果、ダウン症に伴う合併症それ自体は、病気として、専門医の介入により、解決させることを目指すことに集中すればよいとし

＊飯沼和三「ダウン症の文化と教養」（『チャイルド　ヘルス』4巻3号、4頁）診断と治療社、2001年

て、残された知能と運動の発達の遅れの問題は、現時点では、**正しい教育**をうけることこそが、『治療』と呼ばれる同質の意義があるのではないかという新しい概念を提唱しています。**正しい教育**を通じて、ダウン症児が望ましい運動機能及び知的発達のレベルを獲得できるはずという考え方は、従来からの習慣的なダウン症のとらえ方からすると、そう簡単に受容されることではなかろうと思いますが、現実に立派に育ったと認めざるをえないダウン症成人がつぎつぎと姿を現せば、さすがに社会的認知も変化していくだろうと、楽観視しています。

第2章　療育が必要なわけ

◆**適切な療育が必要**

　ダウン症児の人生で、適切な療育が適切な時期に与えられることは、決定的な意味があります。療育によって、ダウン症児の脳の働きが伸び、人格がしっかりと形成され、人間性が育まれます。療育の働きかけが欠如していると、だれでもわかる悲惨な人間性教育の失敗の例が生じます。

　それほど、療育を重要視するには、理由があります。ダウン症の赤ちゃんをしっかりと観察をしてみましょう。やはり、普通児と異なる行動パターンが見られます。

　まず、睡眠時間が長い。外部から感覚の刺激を与えても、普通児ほどの派手な反応がない。1カ月の赤ちゃんのそばで、大人が両手を使って、大きな音を発生させると、普通の赤ちゃんは、両手を瞬間的にぱっと広げて、それから抱くようなしぐさをします。ダウン症の赤ちゃんは、大きな音への反応は、あきらかに弱い。びっくりしたようすの規模がちがいます。

　母親が良く質問します。「ダウン症児は、おなかがすいても泣かないのですか」。空腹を訴える泣き声は、確かにかすかな声でしかないことが多い。普通児の泣き声は、それこそ周りの人一同が無視できないような力強い泣き方をします。では、授乳あるいは哺乳をしてみましょう。どちらも、静かに集中して、ぐいぐいと飲みま

す。飲むようすを見れば、ダウン症の赤ちゃんも、空腹だったのかと納得するほどに、飲む運動に集中します。身体の側の営みとしての欲求表現は、内的には正常に近く発揮されていますが、それを外部に信号として発信する段階で、ダウン症児では、弱くなっているように見えます。

　それは、音声を言葉に転化させる時にも見られます。あるニュアンスで声を出すと親がとんでくるということを承知する能力は、普通児では高い。外部とのシグナル交換に短時間で意味を見出すのも、普通児のほうが早い。知的認識となる有用な刺激収集の方向として、普通児は外向性であり、ダウン症児では内向性であろうと、推測されます。内に向かった精神活動では、周りの環境との関わりを理解するチャンスが減衰してしまいます。

　放置していると、ダウン症乳児の発達は、しだいに遅れてきます。首がいつまでもぐらぐらしていることは、生後5カ月くらいまで当たり前に見られます。では、療育の介入をしたらどうでしょう。早い児では2カ月半で、首が座る現象を身に着けます。自分の身体をどう使うかを外部から教えることが、療育の最初のステップになります。

　乳児期のダウン症で、親子の絆に関して見ていくと、わりあい早期にできつつあります。親に抱かれても安堵した顔をしていて、親以外にだかれると、あきらかに逃げようとする仕草とか、泣いたりします。普通児並みに、人見知り反応ができていることから、親子関係を早くから受容しているように見えます。そして、あの厄介な幸福感が、全体を覆うようになります。

◆本当に幸せですの気持ち

　赤ちゃんが幸福感に浸りきっていて、どこがいけないのですか？普通の人はそう問い返すでしょう。でも、ダウン症児では、その幸福感が過度であるため、成長発達に際して、足を引っ張ることが考えられます。分かりやすい実例をあげましょう。生後3か月のダウン症乳児が、初めて診察を受けました。通常の神経反射からはじまって、身体刺激への反応をみて、発達の水準を調べます。身体のあちこちを触りましたが、あまり動くようすが見られません。じっと、こちらを観察している目があります。これから療育の働きかけをすることは、理性的には本児のためになることですが、本児がそれを求めているようすはありません。そこで、言葉を選んで、親御さんに療育がいかに重要かを、説明しました。

　「赤ちゃんの気持ちをわかってください」

　「えっ、どうやってわかればよいのですか」と親御さん。

　「赤ちゃんは、両親に対して、こう思っていると想像をしてください。"お父さん、お母さん、毎日私のお世話をしてくれてありがとう。食べさせてくれて、暖かい寝床に眠らせてくれて、寒い時は暖かい服を着せてくれて、おむつが濡れるとすぐに新しいおむつに取り換えてくれて、本当に心から感謝していますよ。ありがとう、ありがとう。しあわせだなあ、今の状態で大満足です。この状態が10年先までつづくとうれしいな"と」

　そして、親御さんに対して、尋ねます。「親として、赤ちゃんが最高に幸せな今の状態を、あと10年続けたいと願ったら、それを受け入れますか」

　一方的な医者の言い方をうのみにするような親御さんはいません。赤ちゃんの心理は、だれにも、客観的には、わからないのです

から。しかし、現場で、療育の指導をして、それまで全くやろうとしていなかった運動を、いとも簡単にできるようになるのを目の当たりにすると、親御さんの疑いもしだいに溶け去っていきます。5カ月の頃には、赤ちゃんが、絶対に自分からはやろうとしなかった、しゃがみ姿勢から膝を伸ばして立ち上がる、いわゆるヒンズースクワットの運動をするようになると、親御さんも大喜びします。普通児がその月齢でやっている行動を、ダウン症児がやっていることは、一般常識では、驚きそのものなのでしょう。療育は、先延ばしに怠けようとするダウン症児の精神に、巧みに働きかけて、新しい運動の能力を発揮してしまうことを目指して、行われます。その意味からして、世間で言われている「療育センター」の療育とは一線を画した考えとなります。リハビリの思想ではありません。当の赤ちゃんが、出すまい、見せまい、やるまいとしてきた潜在的な能力を、タイミングにあわせて、表出させることとなりますが、やらせることに遠慮はいりません。

10歳になっても、生後6カ月のままの精神状態でよいと構えている赤ちゃんの態度は、受け入れてはいけません。ダウン症児のその状態は**「絶対的平和幸福感覚主義思想」**と呼んで、親御さんには注意を喚起しています。できるはずの発達がひきだされていないのは、理屈を越えて「間違っていること」なのです。療育は、怠惰なダウン症児の望みに逆らうように、行われます。

さらに、児本人が、実施の結果を自然に受け入れるので、スパルタ教育になぞらえることはありません。発達の段階をひとつづつのぼりながら、その時、赤ちゃんでさえ、顔は輝きを発しています。ましてや、初めて歩く動作ができた時、ほとんどのダウン症児は、「どや顔」を見せます。過酷な運動を親が一方的に押し付けている

療育と言うそしりは、的外れそのものです。その点については、親御さんの証言が雄弁に語ることでしょう。

◆あら見てたのねー効果

では、のんびり構えているダウン症乳児の気持ちに反して、どんなやり方をすれば、発達を実現できるのでしょうか。まず、ダウン症児の身体の仕組みと動き方については、基本的に普通児とそっくりで、唯一、発達に必要な学びに時間がかかるのがちがう、という点を認識しておきます。普通の子どもの発達のパターンを知りたければ、小児発達神経学の研究者の手による立派な教科書があります。普通児の発達ととても似たパターンでダウン症児も発達するということは、とてもありがたいことです。他の障害の乳児で、例えば脳性運動麻痺とか、情緒障害となると、こうはいきません。発達について、まったく別のアプローチ概念を持ち込まないと、発達の問題は解決されません。

小児神経専門医は、健常乳児の発達パターンをよく理解しています。どの月齢で、どんなことを運動として表出するかを承知しています。例えば、生後3カ月の乳児の足首をもって逆さにぶら下げると、乳児はじっとしていません。激しく身動きをして、背中を弓ぞりして、頭部をもちあげようとします。この反射がこの月齢で観察されると、乳児検診をする医者は、安心します。外見からは見えないけれど、身体内部の神経系が連携して、正しい反応を示しているからです。もしも弓ぞりがない時は、医者は何を考えるでしょうか。おそらく、脳性運動麻痺の症状を疑います。すぐに、親に対して療育センターに受診するように、紹介状を書き始めるでしょう。

ダウン症乳児は、月齢に応じた運動反射を示すことが多いので、

その大前提に拠って、療育の戦略を立てます。訓練の内容は、健常な乳児が月ごとに発達として示す指標を参考にします。例えば、2カ月でバスタオルの上で身体を丸太のようにゴロゴロと転がし、3カ月で、まず逆さぶら下げをして背中をそらしたら、その姿勢のまま腹這いに誘導し、頭部が持ち上げられているなら、(お尻が持ち上がっておでこで床をうたないように) 骨盤の部分を保護者が指で押さえて、腹這いで頭を持ち上げた姿勢をじっくりと体験させます (この姿勢のことを、私は、スフィンクス姿勢と呼んでいます)。

　4カ月になると、腰の部分だけを支えてもちあげると、上半身のぐらぐらしていたのが早くも治まってきて、空中で背中を伸ばした姿勢を保持するようになります。5カ月には、あぐらをかいた親の交差したくるぶし部分に、前向けに赤ちゃんを座らせ、その状態から前方に押し出しすと、乳児は曲げた膝関節をすっと伸ばして、身

スフィンクス姿勢の乳児

体を持ち上げる運動をします。これを、毎日くりかえしていると、立つことに恐怖感を抱いていたのが、6カ月頃には、膝を伸ばして両足を踏ん張って立っているようになります。そこで、親が両脇に手を入れ、立ち姿勢をささえて、片足づつ交互に前に投げ出すように運動（コンパス歩行と呼んでいます）をさせます。

　一連の訓練で、ダウン症児が不安に取りつかれて、泣き叫び、運動を嫌がることは稀にしかありません。むしろ、得意満面の笑みを浮かべて、運動に従事します。このような発達の流れを見れば、普通児の発達とそれほどのちがいがないことが、誰にでもわかります。

　本来、療育の過程でこのような運動をするように誘うと、身体の神経系が着実に刺激を受けて成熟し、一定の運動を遂行するようになります。しかも、新しい運動を順序正しく教えられることで、赤ちゃんの心理（「**今が絶対的に幸せで感謝感激そのままで満足思想**」）は、根底から揺さぶられます。親が主体となってダウン症乳児に関わるのが普通なので、赤ちゃんとしては、親を見知らぬ人扱いもできません。愛情にくるまって、つきあってみたら、前日までやったこともない運動をさせられてしまうという仕儀に至り、乳児としては、やられたー、つい油断をしてやらないでよい運動をやってしまった。もっと悪いことには親にそれを知られてしまった、と認識しているかもしれません。本来怠け者の思想が、赤ちゃんの内部で、若干修正されることになります。

　「ま、親に見られてしまった能力は今さら隠しても仕方ないので、その能力があることは認めよう」、というのが赤ちゃん側の心理です。これを"**あら見てたのねー効果**"と呼びます。見知らぬ人からなされる訓練は格別に嫌がりますが、親御さんがかかわると、つい

ほだされて、新しい能力を発揮してしまいます。これで、また一段、発達の水準が上がりました。親こそ最善の教育者です。

　運動能力の向上を目指す一連の療育指導は、運動だけでなく、精神面でも大きな影響力を発揮します。両手が大人の手で支えられ、左右の足を交互に出して歩く訓練をしている時の赤ちゃんの顔つきは、たいていきらきらしています。どうだ、偉いだろう！　という気持ちが表出しています。それは、精神面で、自信がついてきていることでもあります。万一でも運動中の赤ちゃんの顔つきを見たところ、なんと顔面は強張り、目はひきつっているとしたら、相当、怖い思いをしているとわかるはずです。そんな状態では、せっかく新しい運動に導いて、かろうじてできたとしても、さらに次の段階に挑戦となると、まず成算はないでしょう。怖がったらやろうとしてはいけません。その場合は、無理強いをしない。「やりたくないのね。やらなくてもいいよ」と声をかけて終わりにすると、安心します。でも時間が経ったら、親御さんは、何気に、再度のお誘いをすることが肝要です。

◆家庭こそが療育の場

　もしも早期療育の働きかけがなかった場合は、どうなるでしょうか。思うだにぞっとします。

　ここで、療育の担い手のことを考えてもらいます。確かに医者は療育の外来で、ダウン症児をあれこれと調べて、その後、医学的に整理されたデータにもとづいて、療育の指導をしますが、それは指導だけです。たとえ、ダウン症児の療育指導の能力がすぐれた医者であっても、わずか1時間だけの診察時間内で、ダウン症児とふれあって、新たな発達段階に導くことは、不可能です。診察室に入っ

てきたときにできなかったことが、診察室を出るときに、その子が実行できるようになっていたというのは、夢物語です。一つの教育訓練を続けて与えることで、一定の時間の経過で身につくことを楽しみにする、という態度こそが現実的です。

いうまでもなく、療育の働きかけは、家庭において、持続的に実行することが主体となります。だから、親御さんが、なぜそのことを子どもにやってあげないといけないかを、理解していないとなりません。それがわかっていることで、親御さんも、忍耐強く関わりを継続することでしょう。必要な療育は、親が実行するしかありません。

◆自信をつけること

ダウン症児のこころを語るときに、忘れてならないのは、誕生直後から赤ちゃんの人生が始まるのですが、その心理状態を推定して接すると、よい関係が結ばれるということです。それは、ずばり、ダウン症の赤ちゃんは、臆病だけで出来上がっているという受け止め方です。実際、体動は少なく、細目をあけて周囲を見ているのはわかります。空腹でも激しく泣かない。でも授乳するとがつがつと飲むので、空腹だったことは確認できます。ですが、全体として赤ちゃんの意志というものが見えてこない。これは、自然世界で最も弱い哺乳類の行動特徴に重なってみえます。まるで、赤ちゃんの時から、保護してもらうこと、無駄な動きを省略したようすです。乳児が好むとされる玩具を眼前にもってきても、多くのダウン症児は手を伸ばそうとしません。触るとやけどをしそうな顔つきをしています。親がこんな行動をしてごらんなさい、とていねいに誘導しても、すぐに取られた手をあきらかに引こうとします。すべてに対し

て、臆病さを示します。この困った内向性をどうやって打破するか。

　前にもお話ししましたが、私の外来には、診察台の上に中規模のキーボードが置かれています。初めてダウン症乳児が診察台に上がったとき、すぐに玩具と同じように対面する機器です。でも、ダウン症児は絶対に自分から手を出しません。キーが押されないので音は出ない。そこで、赤ちゃんを腹這いにして、顔の近くまでキーボードを寄せます。赤ちゃんの目がキーボードに向いていると確認したら、大人が指で眼前のキーを押し、音が出たらそのまま大人は離れます。赤ちゃんの手か指を持って半強制的にキーを押させたりはしません（それが肝心なのです）。

　「さあ、お母さん、見てみましょうね。赤ちゃんは大人がキーを押して音を出したのを目の前で見ていましたよ。ちょっと待っていると、赤ちゃんが自分から手を出して、偶然に音響がでたらびっくりして、それでもまた休憩をはさんで、今度は試すように手のひらを乗せたり、バンバンとキーを続けて叩いたりするのを楽しみに見ていましょう」
と言っているそばから、その行動が出てきます。

　「お母さん、赤ちゃんはいま、人生で確かな自信をつける体験をしたのですが、わかりましたか？」
と問いを投げかけます。同時に前に述べた「カリメロの口」を説明して、実地に目撃してもらいます。一度キーを掌で叩いて音響を聴いて、その後、何度も叩いたのは、研究者が実験を何度も繰り返す心理と同じだとも話します。そして何よりも高く評価できるのは、自己決定の意志のスタートが見られたという事実なのです。

　赤ちゃんの心理を再度考えてみます。まず、この部分を叩いたら音が出るのか。試してみたら出たぞ。ならば、ちゃんと音をださせ

てやろう（意志決定）。ほら、叩いたら音が出たじゃないか（結果確認）。こいつ、素直に言うことをきくやつだなあ（達成感）。赤ちゃんは、初めて、自分の言うことをきく子分を持ったと実感します。

　外界に対して、ある意志をもって働きかけ、思い通りに結果が生じたら、どうなるかはあきらかです。自信がわいてきます。ダウン症の赤ちゃんにとって、臆病さ百％の状態から、すこしではありますが、自信がとってかわることで、意志表現の行動パターンは、健常児のパターンに近づいていきます。療育は、子どもに自信をつける手段として有益なのです。

　なによりも費用が掛からずに、子どもに自信をつける方法として、『褒める』ことほど有効なことはありません。これまでにすくすくと育った少年少女と親との関係を見ていると、褒め上手が鍵となるのが納得されます。

◆拍手の特別な意味

　生後数カ月からぜひともやってほしいのが、拍手です。ダウン症児が良い行動をした瞬間、側にいた親御さんが拍手をすると、初めは戸惑っていた児が、しだいに拍手の意味を理解するようになります。乳児でも、小さな手と大人の手を叩き合わせて拍手するのもありです。その後、大人が拍手すると、児も拍手するようになります。これを見たとき、私は、児のこころに向上心、向学心が芽生えたと宣言します。

　これを証明する特徴ある動作が、観察されています。別室に母親がいて、それから児の遊んでいた部屋に、ひょっこりと顔をだします。すると、母親を認めた児は、いきなり拍手を始めました。どう

してかな、と問いかけると、ほとんどすべての母親の答えは同じです。「お母さんが、来てくれたのがうれしいので、歓迎する意味で、拍手した」といいます。母親中心の心理が見て取れます。

でも、その答えは間違いです。たとえば、児が昼寝していた部屋に母親がつきそっていたとして、目を覚ましたときに、児が拍手しますか？　しないはずです。母親の顔出しがきっかけで拍手が誘発されたという先の理解は、根拠薄弱に思われます。その前に、子どもが遊んでいたことが、重要なのです。実は、ダウン症児は一人で遊んでいたのですが、何かの動作をしてこれが拍手に値する内容だと自認します。しかしながら、ほめ役の親が不在です。不満とともに、こころにしまい込むしかありません。ところが、母親が顔を出しました。ほめ役の登場です。児は拍手をする動作で、それを要求しているのです。「なにか、えらいことをできたんだ」と母親は語りかけるべきところを、自分の顔を見てアイドルが来たから拍手をしているというふうに想像するのは、ずいぶん手前勝手です！　1歳に満たない児が、自分の行動に客観的な評価をしていることを意味するこの動きは、特筆に値します。

◆保育園・幼稚園の環境

年度の初めの4月に児童が保育園や幼稚園に入園します。一般に年齢により園児は、年少組、年中組、年長組と分けられ、3歳で年少組に入るのが普通ですが、園によっては、年中組からしかないところもあります。ダウン症児も、3歳となり入園適齢期になると、どこの園に入ろうかな、となるのですが、過去、多くのダウン症児が入園を断られてきた歴史的経過があります。その理由としていちばん多いのが、「ダウン症児がいると手がかかるので、余分の保育

士をつけないといけない、でもその余裕がない」というものでしょう。それも、ダウン症児に直接面接もしないで、こういう結論が下されます。

　3歳の誕生日を迎えたら、すぐさま、親御さんに近所の保育園・幼稚園に週に2時間でもよいから、園児の集団と交流する時間を持たせてあげてくださいと、お願いをします。例えば、水曜日の午前10時から正午までの2時間でもよいのです。これは3歳という年齢から来た選択肢なのです。ダウン症児は3歳の分別を持っています。**自分は子どもで、親は大人だ、と言う分別**です。

　3歳未満までは赤ちゃんの判断力しかないので、親の指示を結構素直にきいて動きます。着物の着脱のように複雑な動作でも、親の指示に従うことが多いのですが、3歳になると、さきの分別が働いて、「親はこれをやれと言うけれど、大人だからやれることであって、子どもの私ができるなんて無理じゃないか」と拒否する言い訳が脳裏に浮かんでいるようです。新しい動作を大人が教えようとしても、容易に修得しようとしなくなる年齢が3歳です。

　だからこそ、3歳の健常児集団の中に放り込むことを強く推奨します。子どもに囲まれると、ダウン症児は観察し、同じ年齢の子どもだとわかります。さらに、ませた子どもが新規な動きをしていると、好奇心もあらわにして見つめています。その子どもの姿がみえなくなると、さっそく同じ動きをなぞります。それはブランコとか滑り台で見られます。模倣行動です。同年齢の子どもからの刺激は強烈で、効果てきめんです。ほどなくして、スプーンを手にもって食事するようになります。家では相変わらず親御さんから食べさせてもらっていても、です。集団の影響を受ける中で、トイレの排泄行動も仲間連れでやるので、児にとってもわかりやすく、おむつを

外しておまるに座り排泄をするという一連の流れが身につきます。それを聞いて親が即座に家でもやろうとして失敗しがちです。連れションと言う環境の中で理解した行動なので、排泄習慣がつく3、4カ月経過してから、家でも同様な行動をさせると実行できるでしょう。

　だから、せっかく健常児集団に参加できても、母親が園内に留まり、児のそばにいることは、教育の機会を失うことになります。また介助保育士をつけようとする園に対して、そのような人をつけないようにお願いをしたほうがいい。子ども同士の純粋な交流から、教育の効果がもたらされると断言できるからです。園のスタッフの意識も変わってきます。初めは、どんな問題を起こすかわからないダウン症児が園に来るかと構えていたのが、現実に児と接する中で、普通の児と同じであることが感覚でわかってきます。仲良しの友だちができて、遊びながら、友だちから好影響を受けているのが見て取れるはずです。言葉のやりとりも格段に進歩します。統合保育、統合教育と言う言葉の意味が身に染みてわかります。

　こうした環境変化は、次の年度の園児募集の際にも生かされます。いきなり園児募集にダウン症児が応募すると、園の側が余分な心配をして、受け入れに消極的になりがちです。しかし、週2時間でもプレ入園体験をしていると、ダウン症児の扱い方が思ったよりも難しくないことがわかり、園のスタッフの心情は受け入れる側にシフトすることでしょう。おたがいの理解度がある教育環境は、非の打ちどころがありません。

◆療育の基礎固め
　3歳になったら健常児集団に入れることが納得できたとして、そ

れよりも前の乳児期にやるべき療育で、どんなことがあるでしょうか。それは、わかりやすい表現だと、「赤ちゃんをわがままになるように育ててください」と言う言葉に尽きます。

　臆病だけの赤ちゃんが、そのまま3歳になり、集団に入ったらひどい目に遭います。何しろ、周りの普通児は強気一辺倒の精神で育ってきたのですから、ハゲタカの群れの中に雀が一羽まじっているようなものです。入れた目的（統合教育）を達成することはありえません。乳児期から少しづつ、ダウン症児のこころに強さを吹き込んでいく育て方が求められています。いつも褒める。そして、良いことをした直後には、かならず大人が拍手をして賞賛する。祖父母から、孫がわがまま放題に育てられていると、注意をあたえられることがあるかもしれません。でも、親御さんは、やっぱりわがままに育てることが、成人してからの強い精神の基礎を作っていると、心の内では信じ続けることです。

　何かをやって、うまくやってのけたことは、とても有益な体験になります。療育と体験の積み重ねは同意義です。普通の児の発達は、絶え間ない体験の連続で達成できていると言っても過言ではありません。好奇心に導かれて、いつも何か行動をしているダウン症児への最大の賛辞は、まるで普通の子どもと同じに熱中していますね、という言葉でしょう。反対に、自由時間があたえられたのに、何かをすることもなく、ぼんやりと前を見ている子どもがいたら、あわてふためかなければいけません。周りの事象に関心をもたず、自分の感覚を刺激することも求めないダウン症児のこころは、ヒトとしての状態から逸脱しています。情緒の発達に問題があるのかもしれません。いつまでも、未熟な状態から脱することができないかもしれません。

◆完全主義の弊害

　ダウン症の療育で、時々あきれるほどの速さで運動機能が進むことがあります。そこには、児が抱いている思想が反映しています。ダウン症児の性格として、誰かが見ているところで失敗するのを、極端にいやがるということがあります。これは特筆されるべきことです。

　子どもが上のクラスの運動をやろうと思うならば、練習をする必要があります。練習では、失敗しても失敗しても、めげずに、できる時が来るまで、繰り返して運動をします。ダウン症児は、その練習が大嫌い。人知れず成長し、身体を何気に動かして、いつしかできるようになった運動を披露します。これは、**完全主義**の思想です。ある動作、運動が百パーセント確実にできると、初めて、それをするという意味です。

　必要な療育を与えようとして、この思想にぶつかったら、お手上げです。やらないという動作を示したら、もう無理やりやらせないようにしないといけません。無理をすればするほど拒否反応が強くなります。では、そんな場合、どうすればよいのか。

　周りの大人たちは、児が何かやろうとしているとき、じろじろ見ない。むしろ、あらぬ方向に視線を流して、いかにも見ていないという（演技の）メッセージを送ると、ダウン症児は、安心したように、自分で始めた運動を続行します。それが結局、練習となります。ついに、トライした運動ができたとします。親は、すぐさま児に向かって、「すごいねー、できたねー」と賛め言葉を与えます。これだと、ダウン症児は、素直に受け取ります。前にも述べた『あら、見てたのね』効果です。ませた健常児が同室で、興味を引く遊びをしていると、ダウン症児も当然それに魅かれます。健常児が遊

び終わって、玩具を放り出して部屋からでていくと、すぐにダウン症児は、その玩具に手を伸ばします。もしも複雑な仕組みの玩具で、遊びがうまくできないと、さっと投げ出します。ましてや、この玩具は、こうやって遊ぶといいんだよ、と大人が教えようとすると、玩具を見向きもしなくなります。

いよいよ療育の効果を重ねるうちに、伝い歩きができ、さらに支え無しで最初の一歩を出したとします。その後、面白い現象がみられます。おっかなびっくりで、一歩出しては支えにすがりつくのを繰り返していたのが、翌日には2から3歩足を出し、翌々日には50センチも歩いたりします。普通の子どもはこんな長足の進歩を示すことはなく、徐々に少しづつ歩く距離が増えていくのですが、ダウン症児が、一歩出してから歩く距離がたちまち長くなる背後には、完全主義の思想があるからです。

一歩足を出した時点で、ダウン症児の内面では、百パーセント確実に歩けるという確信が生まれているのです。不動の自信があります。翌日にはだから2歩や3歩足を出しても、自信は揺らぐことがありません。失敗をしないことを確認したら、さらに自信は膨らみます。こうして、たちまちのうちに、1メートル歩いたりして、親を驚かせます。最初から1メートル歩けるのに、慎重ぶって、初日は1歩だけ歩いたと見抜けば、一連の早い運動発達も当たり前と思えます。外来で、見当違いの褒め言葉を親御さんからもらいます。

「先生のところに来るまでは、まったくできなかったのに、診察を終えたら、できるようになった。すごーい」。親が子どもに騙されていただけのことです。

完全主義の思想は、ときには、厄介なバリアーです。その気持ちから解放させるべきです。それには、調子に乗せる、褒める、音楽

で誘う、うっかりこの思想を忘れた瞬間に、させたい運動を児はやろうとすることでしょう。親御さんは、この仕組みをしっかりと学んで、児と向かい合ってもらいたいものです

第3章　早期療育の柱は歩行機能

◆**歩行機能の意味**

　早期療育が、ダウン症児にとって有益なことは、否定されないと思われます。しかし、では、どのような教育内容が優先的に与えられるとよいかとなると、音楽だ、運動だ、リズムだ、訓練だ、おんぶだと、さまざまな意見が続出して、まとまりがつきません。私の診療所では、自分自身の能力を見極めて、歩行訓練を最優先の課題にしています。音楽の専門家なら、音楽を手段の主体にしてもよいし、絵の専門家なら、絵を手段の主体としてもよいでしょう。では、どうして私が、歩行機能の発達訓練を療育の主体にするのかです。

　ダウン症の乳児をじっと観察していると、乳児の側からのメッセージを読み取れることがあります。側に近寄ると、身体を固くすることで、児の心情が伝わってきます。外来の診察では、親御さんの承認のもとで、赤ちゃんを抱っこします。これは、絶対に忘れてはならない療育の実践要件です。児に触れもしないで、療育相談はできません。触れることで、児の身体について、たくさんの情報が得られます。

　乳児の世界は、抱き上げられない限りは、平面の動きに占められています。ところが、小児の発達を促すという意味から、児への働きかけを想像してみると、立体の三次元空間の舞台での運動学習が

中心になることが、すぐにわかります。生後3カ月で腹這いにすると、頭を持ち上げて、辺りを睥睨（へいげい）しています。近くの空間にある物体に、的確に手を伸ばします。わきの下に親が手をさしいれて、立たせる姿勢をとらせると、たいてい足をつっぱります。その維持時間は、短いことも長いこともありますが、生まれつき関節が過剰にやわらかいダウン症の乳児も、床に足裏がつくと、膝をのばします。

　健常児もダウン症児も、反射的な運動において、差がありません。あるとすれば、ダウン症児では、しばらく足を延ばして体重をささえていても、急に膝から力を抜き、腰がぬけたようなしゃがみ方をする傾向があるということでしょう。やはり、一定時間以上、立つ姿勢をさせていると、自ら判断をして、この姿勢を避けようとする動きをします。繰り返し強調しますが、ダウン症児は、生まれつき、臆病だけで心理世界ができています。臆病なのです。ちょっとの時間、同じ月齢の普通児がやる運動をさせて、それができたら、褒め倒して同じ体験をたくさんさせます。それが積み重なってくる中で、臆病さがだんだんと少なくなってくるのが感じられます。

◆**臆病との闘い**

　運動の発達をうながすにしても、身体を動かす乳幼児の立場になって、こころを想像してみましょう。動くということは、安定した静止状態で保持されているバランス点を、移動することでもあるので、自信がない状態では、そう簡単に動かせるものではありません。だからこそ、児が気が付く前に、やらせたい運動をやらせてしまうというアプローチを選ぶのです。

　ダウン症児の身体に触れると、関節を動かす反応が見られます。

その反応の有り様は、健常児のそれと差がありません。どちらも神経系は、身体全体にはりめぐらされ、刺激で起こる反射も大きなちがいがありません。反射は意識無しで起こる運動です。乳児期から、そこにある反射を利用して、望まれる運動をさせることが可能です。乳児期の運動訓練の仕方は、第2章の「**あら、見てたのねー効果**」の中で取り上げているので、重複はさけます。要点を述べると、反射運動を組み合わせて、児の意志とは無関係に望ましい歩行の運動をやらせることが、簡単にできるということです。

新しい運動をダウン症乳児が初めてやったとき顔を見ると、たいていはこわばった表情をしています。数回くりかえしていると、その表情が変化してきます。いわゆるどや顔（第1章、**カリメロの口**）をしています。親御さんには、それを確認して児の心を感じ、自信をもってさらなる児の訓練に邁進してもらいたいと思います。

立ち上がったら、さらに、立つ姿勢のまま児の両手を親御さんがひっぱると、児は足を左右に出して、前に倒れないようにしたとします。これを見た瞬間、ダウン症児の運動機能は、一段高い水準にセットされたことになります。以後は、ただ前に引っ張って歩くことの練習だけで過ごしてもらいます。歩くことは、それほどに重要な機能なのです。

◆立　つ

立つという運動発達は、子どもの発達過程でも画期的な瞬間を指すようで、生まれた日のうちに立って歩く馬、ヤギ、ヒツジ、シカ等のは、よく知られていますが、同じ哺乳類であっても、ヒトは誕生した日に歩けることはないのです。ところが、新生児期の有名な神経反射として、歩行反射が知られています。生まれたばかりの赤

ちゃんを垂直に立たせて、両足の裏を床に接地させると、まるで歩くとしか表現できない動きをします。これは原始反射の一つとして、すぐに見られなくなるとされています。しかし、このような現象が、生まれたばかりの人間の赤ちゃんに見られるということは、歩行機能の発達の基本が、すでに準備できていることを示しているとも考えられます。

3カ月頃には、背骨の柱がとても柔らかく、腰を支えて上半身を立たせてみても、不安定に揺れつづけます。それでも、母親が赤ちゃんを抱く時間の半分くらいを、**前向け抱っこ**と呼ぶ訓練法（下図参考）に割いてもらうと、しだいに上半身がしっかりと立った状態で維持されるようになります。これが確認できたら、**膝屈伸運動**

前向け抱っこ

（ヒンズースクワッテイング）が開始されます。自分の下肢筋肉を使って、自分の体重を持ち上げる運動ができるようになるのです。

　立つことの意義は、多面で認められています。文章表現でも、しっかりと自分の足で立つという意味は、自立独立心をもって行動するという意味でつかわれることもあります。ここで踏ん張らなきゃどこで踏ん張るんだ、という激励言葉も、別に肉体的に踏ん張るだけでなく、精神的に頑張る気持ちを持つように声掛けをしている表現でもあります。アメリカの障害児教育雑誌 EXCEPTIONAL PARENT（1997年12月号）の広告に、面白い記事をみつけました。大文字で"OUT STANDING"とあり、言葉遊びの響きがあるので、「目立った」と訳しました。「簡単タッチ（立っち）」"EASY Stand"という立ち姿勢介助装置の宣伝です。どうして、特別な装置を使ってまで「タッチ」させるのがいいのか。その理由が5つあげられています。

① しっかり立てることにより、身体の関節等がきちんとした仕組みになり、運動機能がよりよく発達するようにできる。
② 児の自信を強め、同年齢の子どもたちと同等な気持ちから、社会的な発達を促すことができる。
③ 呼吸、嚥下、消化、尿排泄などに関わる日常の健康問題が発生しないように、予防ができる。
④ 内臓が圧迫された状態から解放される。
⑤ 心肺機能を強化し、疲労を減らし、ひいては社会および学校への参加を容易にしてくれる。

まさしく、正鵠を射た記述です。「障害」児の障害の程度を軽くしようとする関わりは、「障害」児を健常児に比べて劣っていると見ているから、そのような行動をとるのだと非難する向きがないわけ

ではありませんが、筋ちがいです。実地に障害児と共に訓練プログラムに汗を流してみれば、子どもたちがいかに得意そうな顔つきをしてくれるかに気づくはずです。

◆ハイハイの条件

障害の種類によって、それぞれへの対処、アプローチの仕方は、個別に大きなちがいがありますが、ときどき、それを無視するような心理が、療育センターに働くスタッフの意識下にあるように思います。

ダウン症の乳児の指導過程で経験したことです。ようやく立つ意欲が内側から湧いて出て、順調な運動発達の見込みが立ったので、今度は、立ち姿勢の子どもの両手を親がもって、そっと引いてもらい、乳児がみずから足を前に出すかをテストするまでになりました。その子は、ハイハイ運動が全くできていませんでした。療育センターにも通っていましたが、そこのPTが、ハイハイができない状態では歩く練習をさせないでくださいと、指示しました。私のクリニックでは、立位歩行訓練に集中していたので、双方から正反対な助言を受けた親御さんは大混乱してしまいました。時間をかけて、説明と解説をしました。

「脳性運動麻痺の赤ちゃんが、ハイハイができていない段階で、立ったり歩いたりする運動は、基礎がかたまっていないといけないので、禁止です。脳性麻痺の特徴として、私でも、まずはハイハイの練習に集中します。でも、お子さんは、ダウン症です。ハイハイをしないでも歩くことが起こっても支障はないのです」と言い、偶然、外来に置いてあった育児雑誌のある頁を開いて、読んでもらいました。アメリカの一般向け育児雑誌で、健常児の運動発達につい

て述べた文章です。そこには、「ハイハイもせず、いきなり歩く子もいます」とありました。※実際にも、ダウン症乳児で、手を引いてもらって、足をもつらせることなく、上手に足を左右交互に出す例がありました。その子には脳性運動麻痺の症状は、まったくありませんでした。

　外来で観察を続けてわかったことがあります。ダウン症児が、ひとりで一歩でも歩けるようになったとき、床に好みの玩具を落としてようすを見ると、その児はみごとなハイハイ運動をして、玩具に近づきました。かって一度も、ハイハイの練習をしていなかった子どもがです。

　障害があったら、その根底に、どんな神経学的発達の支障が起こっているのかを見抜いて、その特性を念頭に置き、最も必要とされている介入援助を与えるのが、障害への正しい対応といえます。

◆音楽の利用

　立たせたり、歩かせたりの訓練の際に、児が好む音楽を流して運動をすると、てきめんの効果をもたらします。多くのダウン症児は、音感が優れているのではないかと思われます。音楽を楽しんでいる時の顔の表情は、普通の人間のセンスがあれば、だれにでもわかります。赤ちゃんの時でも、補助椅子をつかって、赤ちゃん向け音楽番組を見せていると、ほどなく、音楽にあわせて、頭や身体をゆすります。

　大好きな曲があれば、大いに利用します。上機嫌になるし、身体運動もリラックスした状態でできるので、疲労しません。楽しい記

───────────────
＊「3歳までにすべきこと　できること」ニューズウイーク2012年版、14頁

憶をともなうので、運動することが好きになります。意欲がわいてきます。曲もおぼえるし、ひょっとすると歌詞もおぼえます。保育園・幼稚園で、園児をしばしば手遊び歌で相手にしているのは賢い戦術です。げんこつ山のたぬきサンの手遊び歌で、「おっぱいのんで、ねんねして」と歌うと、子どもがそのジェスチャーをするので、言葉の聞き取りができていることがわかります。

　ダウン症の幼児は、臆病が過ぎて、容易にジャンプしません。走ることができても、片足は常に大地につけています。下りの階段を降りる際も、非常に慎重にそろそろと足をおろします。周りの健常児がピョンピョンと跳ねていても、ダウン症児は参加しません。ところが、音楽と踊りに夢中になっていると、その空気の中で「はい、みんなでジャンプ！」と掛け声をかけると、両足をそろえて飛ぶことがあります。音楽の威力を痛感する瞬間です。

　両手を支えて歩く練習をすることと、音楽で踊る動作を誘うことは、簡単に児の身体でコラボします。音楽がないと、児の気持ちがガチガチに緊張して、筋肉はこわばり、バランスが取れた姿勢を維持するのも難しくなります。見知らぬ人から運動訓練を受けるよりも、親しい人から受けるほうが、練習の効果を発揮する所以です。歩く動作には、**リズム**と密接な関連があります。規則的なリズムがとれることは、歩行運動に安定性をもたらします。

◆**呼吸リズム**

　この大切なリズムは、他の発達機能においても、同様に重要な役割をしているようにみえます。それは言葉の発達です。大勢のダウン症児の言葉の発達を観察する中で、初めて一人歩きができた頃に、何か「パパ」とか「ママ」と言う発語が出ることに気づきまし

た。言語学者は、歩行開始と意味ある単語の発語は無関係と言います。しかしながら、ダウン症児集団での経験には、定説をうのみにできない示唆があります。ダウン症児においては、両者をつなぐ鍵が、リズムではないかと考えるようになりました。

　喃語から「パパ」と言う進展を検討しましょう。何を言っているのかめちゃくちゃな発音から、いつしか、「パパパパ…」と連発していて、ある日、「パパ」とはっきり言えたのです。これは、パと言う発音が出たら止まらない段階であったのが、二つ息を吐きながら発音をして息を止めると、言えることがわかったからではないか。さらに傍証として、ひどい酔っ払いの人の歩行と言葉にもヒントがあります。アルコールの影響で、呼吸リズムがひどく乱れています。そして歩行は千鳥足で、規則的なリズムはない。言葉も呂律がまわらず、早口から喋りにくそうな発音まで乱れています。もしもリズムを守ることが出来たら、いかなる酔っ払いも、まっすぐに歩けるし、言葉もはっきりと言えることが想像されます。ダウン症幼児の療育プログラムの中に、リトミック療法が存在するのも納得です。

◆乳児の状況判断力

　生まれたばかりのダウン症児を観察すると、そのようすに特徴があります。

　まず、四肢の動きが見られるが、健常児のような力強さがない。泣くのが商売の乳児でありながら、泣き声はか細いし、持続時間も健常児のようなしつこさがない。しかし、保護者の手が身体に触れるとびくっと反応を示し、全身の力を抜いて、抱っこされる。ちょっと時間がかかるが、抱いているとその姿勢のままに安定して

きます。こうした反応を繰り返し観察していると、あるイメージが浮かんできます。基本的に、ダウン症乳児の発達のプロセスは、健常乳児のそれと酷似しているということ、それでも反応のありようはやはり弱い、ということです。

療育の現場のやり取りの中で、親御さんに新生児期のダウン症を抱いてもらい、しばしば医者側から親御さんに質問をします。

「今赤ちゃんを抱いていますが、抱いていて、赤ちゃんが腕の中からこぼれ落ちそうな気配はありませんか？」

全員が、「安定している」と答えます。

それを聴いて、医者は、「どうして安定していると感じるんでしょうね」と、とぼけて、質問を重ねます。

「？（なんのこっちゃ）」という表情を浮かべる親御さんに、解説をします。

「安定しているのは、母親の抱き方が上手だからというだけではありません。実は、ダウン症の赤ちゃんも協力しているのですよ」

「えっ、こんな赤ちゃんが？」と通常の反語がかえってきます。

ここで、アカデミックな話題として、乳児発達論のいう「ダンスdance」という用語の説明をします。ダンスはふたりの息がぴったりあっていないと、できません。抱っこされて安定を保つという状態の背景には、親の抱き方と抱かれる赤ちゃんの協力がたがいに補足しあっているという現実があるからなのです。*

乳児の側が協力していることを感じ取れるのは、乳児に状況判断力があることを示唆しています。事実、表情が少なく、抱いても、わずかな腕の隙間から身体がこぼれそうになる乳児が、たまにいま

---

* Daniel Stern, The First Relationship; Infant and MotherFONTANA/ OPEN BOOKS 1977

す。この場合、医者は、まず、情緒障害があるのではないかと、疑います。ダウン症児では、原則として情緒障害がないので、一般小児科の世界では、その点のちがいを着目しないままに過ごすことが多いのです。医者の任務は、病気を見つけて、早く治すということなので、こころの在り方まで見抜こうとする医者がいないのも仕方ないことです。ダウン症の療育では、心がたがいに通い合うという世界から出発することが、いちばん大切です

◆姿勢のはなし

　ダウン症を学ぶ中で姿勢の研究は、とても実り多いものでした。ダウン症児が生まれた時点で、全身の関節がひどく柔らかいことは、周知のことです。その原因は、胎児の時期までさかのぼって検討しなければまりません。胎動は、胎児が子宮内で活発に動くことを示します。しばしば蹴ると表現されます。狭い空間の中で、胎児が運動にいそしんでいると考えると、ほほえましい。

　運動を十分にしてから、生まれ出た時点で、四肢を動かし、時には床に足裏がふれると、膝を伸ばして、床を蹴る動作が見られます。ダウン症児の場合、筋肉の量が少なく、かかとの骨（距骨）の後ろ側が、健常児では丸いのに、三角に近くとがっています。骨は運動をすることで成長しますが、ダウン症は胎内での運動量が少ないことが想像されます。足首の固定もやわらかいため、しばしば足裏全体が外側を向きます。健常児では、内側に向かうのと対照的です。

　ダウン症児が歩き始めたら、靴を履いて外出の際には、インソール（足底板）を特別に敷いてもらいます。歩くようす（歩容と言います）を背後から観察すると、インソールなしでは、踏んだ床から

足裏が離れる際に、外側に足裏が向こうとする癖が見て取れます。外反歩行と言いますが、足首を捻挫してしまうのではないかと心配されるほどに、強い外反を示す児童が多くみられます。インソールを使うと、普通の児と同様に、足裏全体がほどよく均等に床をはなれてゆきます。偏平足であったのが、さらに土踏まずができてきます。インソールを外すと、3週間後には、偏平足にもどっています。

乳幼児期から運動機能を促進させることは、何よりも意義があります。運動の発達が進むと、ダウン症児の表情には、自信満々の気持ちが浮かんできます。運動の成果にともなって、精神的成長もついてくるようです。

その結果、学童時期に達すると、姿勢によって、良い療育を受けた子どもと間違った療育を受けた子どものちがいが明らかになります。まず、背筋がまっすぐになっている。首がのびているので、背中側から見ると、首があることがわかります。胸を張っています。

療育の効果がない場合は、頭部が前方に落ちていて猫背となります。立った姿勢で、お尻が過剰にでっぱります。首は膨らんだ肩の間にめり込んだように識別できません。姿勢は、その子の将来を暗示しています。

◆こ、これ以上曲がらない！

10代を過ぎる頃から、ダウン症児の寝相に特徴が出てきて、親御さんから心配だと相談されることがあります。布団の上で、下肢をまっすぐにしたまま、これまた上半身もまっすぐにして、腰の部分でみごとにちょうつがいのように、折れた姿勢をとり、前額は、つま先の間の布団にくっつけて寝ています。私も多くの青年の夜中の寝相を実地に観察して、そのことを確認しました。股関節が実に

やわらかいと強く印象づけられました。

　ある日、ダウン症の中学生のお宅に訪問しました。他のお客さんもいました。父親は、息子の寝姿があまりにも変なのだと、同席した人に説明をしていました。その人が興味を持ったようすなので、父親は息子を呼んで、床ジュータンの上で、その姿勢を再現してみろ、と指示をしました。息子はすなおに半身を折りましたが、なんと、あと5センチほど、前額がどうしても床に近づきません。息子は、「父さん、曲がらないよ」と声を振り絞りました。父親は、「そんなはずがない。いつもぺたんと寝ているじゃないか」と大きな声で言い、さらに、「嘘をつくな」と言うので、やむなく、私が介入することとなりました。

　「まあ、まあ。嘘をついているのではないんですよ。本当に床につかないのですから」と宥め、その理由を説明をしました。

　息子さんは熟睡すると、**姿勢**への意識が消滅して、生まれつきの関節の柔らかさに戻るので、操り人形のように折りたたまれます。しかし、朝目覚めると、まず最初に、ある儀式が身体に加えられます。脳から身体中の関節に一斉に指令がでるのです。関節をよりしっかりと保持するように関連する筋肉と腱膜に緊張を加えよ、と。そうしてから、普通の児と同じように起き上がり、一日が始まります。したがって、意識清明な日中は、脳から絶えず関節に指令が及んでいます。いわば、健常児の筋緊張に近い状態になっています。だから、上半身と下半身を折りたたむことは、できなくなっていて当然です。嘘つき呼ばわりは、かわいそうですよ。

　この儀式が毎朝あるのは、幼児期からの連日の訓練の賜物と言えます。姿勢は学び取った結実として、そこに示されているので、過去の身体運動の訓練がどう役立ったかを教えてくれます。町中です

れちがうダウン症成人が、短躯で首が埋まって、頭が前に落ち、丸い背中をしていたら、幼児期に適正な訓練を受けていなかったのかな、と考えてしまいます。

第4章　知能の発達

◆**性格を見抜くことから**

　子どもが賢く育つことは、親御さんにとって、誇りに感じることだと思います。賢く育ってと願うことに、余計な気を使うことはないのです。しかし、どんなに賢い頂上を目指したとしても、人間の脳で到達する知的境地には限度があります。どのような知識体系を身に着けるかは、個々人の取捨選択の中で、手に入れた知的材料により、決定するのです。初めから最高知性を有する人は、存在しません。

　ダウン症の子どもの知的発達を想定するときに、その子が望む知識体系の特徴は何かと考えることが大切です。文科系かな、理科系かな。前者の特徴として、文字に興味あり、絵本が好きで、親にお世辞が使え、ままごと遊びも上手にできる。後者だと、無口な傾向があり、箱をみつけるとかならず蓋を開いて中身を出す。全部出し終わると、出した物をおもむろに手に取り、叩いたりぶつけたりして、一見すると破壊工作にいそしむ。無愛想です。こういった分類が可能です。

　性格を見抜いたうえで、適切な教材を与えましょう。文科系なら、本、人形、会話、友だち遊び等になります。理科系なら、簡単なプラモ工作、ドラム、簡単な大工遊び、投げる、蹴る、リモコン操作の玩具がよいでしょう。

何かの図鑑を与えるのもあります。児を書店に連れ出して、眼前にある図鑑をいくつか手に取り、児がこれだとしがみついた図鑑を購入します。すぐに見入ります。3日もすれば、すみからすみまで記憶している可能性が大です。親御さんが、図鑑に載っている記事から、単語を選んで、それを児にぶつけると、難なくその単語がある頁を開くことが、すくなくありません。

逆に、親の望む分野の知識を身につけるように、ダウン症児の教育を心掛けても、それが児の好みと合致しないかぎりは、まったく効果はありません。ゼロです。受験戦争に勝ち抜いて、東大法学部を目指すのではなく、狭い領域かもしれませんが、何か腕に技術をつける方向で見守ることから、教育を始めるべきでしょう。

◆知能指数は一定ではない

世の中には、間違った考え方があふれていますが、知能指数と言う概念もその一つです。ある人が、知能指数が150だと言われると、周りの人は、天才だと騒ぎます。日常を過ごす中で、なんでもかんでも常に150のレベルだと。それは騒いでも無理ないことかもしれませんが、知能のレベルは、時々刻々、秒ごとに上下するのです。知能の発達テストをうけても、そのときの身体のコンデイションとか、問題の性質とか、気温とか、さまざまな要因で、テストの結果は左右されます。ことほど左様に、知能指数は変動します。

一般的に、知能指数の高低で、人物の評価をするようですが、健常児集団の平均値を中心の値として、それよりも高い指数、低い指数が配置されます。次頁のグラフで見るように、いちばん多い平均をピークとしたこの形をベル型と呼びます。両端に近づくほど、その値を示す人がすくなくなります。知能指数150の人は稀なので、

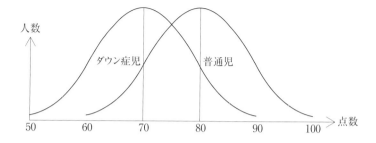

ベル型のデータ分布図

普通児とダウン症児が、同じ人数集まって、同じ学科のテストを受けた仮想環境で、図のような結果が得られました。普通児は平均点が80点で、100点は1人、60点は1人でした。ダウン症児は平均点が70点で、90点が1人、50点が1人でした。このような分布を比較することにより、ダウン症児のほうが、普通児よりも低い点数を獲得する傾向があるとわかりました。一方、普通児よりもダウン症児が高い点数を獲得している人数も相当数いることが示されました。

稀なる天才だとなります。反対側の30も稀な存在ですが、これはすごく知能レベルが低いとみなされます。

でも、この考え方には、違和感がありませんか。実は、ベル型のデータ分布を得るにあたり、いわゆる正常な人の集団を集めて、知能の働きを点数で表現し、平均値と比較して、指数が出されました。しかし指数が60だから知能障害だと言うことができますか。冷静に考えると、この分布は、健常な人の集団から得られたもので、どの指数の人も、もともと健常な人なのです。ところが指数が60と出たら、たちまち、健常な人が愚鈍な人に変身したというのですか。ありえません。これは矛盾です。そして、知能指数で人を判断しようとするときは、矛盾を内包していることを忘れてはいけません。

ダウン症集団のベル型を作成してみると、同様な形なのですが、平均点数のピークが左寄りになります。健常集団の平均は 80 としています。ダウン症集団の平均は 70 です。健常者と比較すると、点数が少ないほうにシフトしているので、ダウン症集団の知能のレベルは、健常者よりも低いという結論は論理的には正しいことでしょう。しかし、個別でみると、ダウン症者でも健常者の平均値よりも高い点数を取っている人が、少数ながらいることも見て取れます。つまり、ダウン症の人は、みな知能が低いと断定してはいけないことが示されるのです。ましてや、その時々の状況によって、点数は同じ人でも異なります。健常者が悧巧で、ダウン症者は愚かだと決めつけるのは、公正さを欠いた判断です。

過去に、驚くべき知能テストの結果を聞かされたことがあります。幼稚園の年長組に通うダウン症児が、某知能テスト受けました。それは、数あるテストの中で、絵を使って、知能を判定する方式でした。結果は、指数 110。実は、絵を使った知能テストでは、ダウン症児が高い点数を示すことが知られています。得意な分野だったというわけです。これが、数字とか文字とか複雑な構造のテストだったら、指数 30 前後という評価だったかもしれません。テストの種類によって、これだけ大きなちがいが生まれるのです。1 週間のうちに、二人のダウン症児が絵画知能検査を受けた結果、園児たちの母親が異口同音に言いました。「知能検査はこれで打ち止めにしましょう」と。

知能は実に多方面の才能で表現されます。ペーパーテストで、知能自体を把握できるはずがありません。何か特殊な才能分野で、どれくらい理解力があるかを調べるにすぎません。大学入試に、知能テストが使われていないのには、理由があるのです。

しかし、行政にとって、知能テストの存在はありがたいことです。政府予算で福祉政策費の額を計上し、知的障がい者への金銭的援助をする際に、受ける側の知能障害の軽い、重いの区分をつけないと、担当する役人は、支給金額をどうするか、判断が下せません。知能指数で区分することにすれば、国民も一応納得するでしょう。ですから、知能テストは、利用される手段として、存在しています。低い指数だと受給金額も増えるなら、できるだけ低い指数が出るとわかっている種類の知能テストを受ければよいし、反対に、指数が高いと、選抜されて優遇されるとなれば、別の種類のテストで、高得点をとればよいとなります。

　知能テストの結果を聞いて、親が落ち込むということが少なくありません。実年齢が10歳なのに、精神年齢が3歳（指数は30）と言われると、うつ状態になったりします。知能指数の神話を信じているからです。指数が何と出ようと、子どもの生活に影響することはありません。家では、知能指数を気にすることなく、いつもの愛情あふれた幸せいっぱいな生活を送っていれば、万事ことなしです。

◆**抽象化の能力**

　ダウン症児の知的発達の特長の一つが、抽象的概念を理解するのがとても苦手ということです。中学、高校と進んでも、なかなか抽象概念を理解することができないようです。小学校の算数は、数を数えることから始まり、次に加算が教えられます。2人の子どもがいる部屋に、さらに3人の子どもが入ってきました。さあ、その部屋の中には、何人の子どもがいるでしょうか？　というふうに学習が進められます。すると、ダウン症児は、さらりと、5人だと答えを言います。教師は大きくうなづいて、

「正解です。2人は2と言う数になりますね。3人は3という数になりますね。2人足す3人は、2＋3という式で表わすことができます」

　その途端、ダウン症児は目を丸くして、何を言っているのかという表情をします。人はあくまでも人間であり、多くの場合、生きていて、動き回る存在なのに、その人間を、2とか3とかで表すことは、思考の埒外としか受けとめられないのです。ましては、2人の人間を提示し、次に、2個のリンゴを提示し、さらに2台の自動車を提示して、「さあ、この絵をみて、同じ数がわかりましたか」と尋ねても、まったく答えはありません。人間とリンゴと自動車を同格に置いて、共通点を探すことなど、思ったこともなければ、する気もないからです。人間と人間の数の加算は受け付けます。リンゴとリンゴの数も受け付けます。2個と3個が一緒になって5個と簡単に答えられます。自動車と自動車の数も受け付けます。2台と3台だから、合計5台と。越えられないのは、人間、リンゴ、自動車という現実のジャンルを区別している壁です。

　そのため、算数が根本的に理解できないのがダウン症児と言われます。しかし、小学校に上がる半年前に、子どもの教育に熱心に取り組む算盤塾に入ったダウン症児がいました。液晶画面付きの奇抜な算盤を手にし、大いに機嫌をよくして触れていました。遊び感覚で、塾の先生の指示をきいて、算盤に向かったことでしょう。液晶画面の数字は、抽象化された概念ではなく、現実にそこにある存在でした。同じく算盤の珠も。人間とかリンゴとか自動車を数えることと同じ水平にある体験でした。入学までに、「願いましては〜」の暗算もマスターしてしまいました。健常児にまじって算数の成績は、クラスで一番を続けました。

それでも、例えば、"客観"って意味は？　と尋ねると、答えられません。具体的現実的にそこに触れられるものとして存在する中身を、感じられないからでしょう。

◆言葉の問題

知能と言葉の関係は、切っても切れない課題です。そして、ダウン症児の言葉の問題は、長期間にわたり深刻で、家族を悩ませます。

多くのダウン症児は、発音が明瞭ではなく、はきはきした物言いもしません。小声でぼそっと声を発します。たまに、健常な兄弟がいる中で鍛えられたのでしょう、聞き取りやすい発音ができるダウン症児もいます。会話の能力を伸ばすには、話し相手の仲間が必要です。保育園・幼稚園に通うようになって、急に言葉が伸びたという話はよく聞きます。

言葉の発達を促す方法論は、優に一冊の辞書の厚みを持った書籍で説明をしないといけないほど、複雑で錯綜しており、特に個別的でもあります。ここでは、ダウン症児の言葉の発達が遅れている場合に、どのステップで障害が発生しているかの区別（表1）と、それに対応して、どんなアプローチで解決を図るか（表2）を次頁に示しておきます。

さらに特筆されるのが、近年のIT機器の使いこなしの良さです。3歳過ぎたダウン症児に、専用のiPadを与えて、ひらがなを読むソフトを使って、遊びながら学習してもらったところ、6カ月後には、半数のダウン症児が、ひらがな50音がほぼ読めるようになったということです。紙と鉛筆で勉強するのに抵抗を示すことが多いダウン症児が素直に触れる機器として、この機械は別名『あたまが良くなる機械』と呼んでも差し支えないようです。これは、健常児

表1　言語発達遅滞の構造的障害の区別

①言語の認識力欠如
　声をつかって周囲の人に信号を送れることに気づかない状態
　泣いても周囲の人が反応しないか、反応がわからない状態
　騒音と肉声の区別がつかない状態
　　例：抑揚強弱なく単調に泣くだけの赤ちゃん
②純音認識のための中枢フィルター機能の欠如
　脳神経系組織の音声の抽出能力が発揮されていない状態
　多種多様な周波数の混在する音響から純粋な周波数の音だけを抜き取る中枢機能が欠如した状態
　　例：うるさい環境で相手の話が聞き取れない
③脳内での音声記憶の出し入れが不自由
　脳内の記憶した音声を適切に引き出す能力が働かない状態
　言葉同志の親密性に気づいていない（連想力が弱い）状態
　　例：うなっていたが、○○が欲しいの？　と尋ねると、飛び跳ねて喜ぶ
④声帯から発声する働きの未熟
　粗雑な音声で話すので、相手に聴き取れない状態
　音程、リズム、清音をうまく出せない（音痴）状態
　舌根の組織が固着して、喉の音響増大効果が発揮されない状態
　　例：不明瞭な発音しかないため、相手に伝わらない
⑤極端な内向性癖
　人と対面して会話ができない状態
　家人と会話ができても外部の人とはできない状態
　声をかけられると逃げ出す（対人関係恐怖症）の状態
　　例：人前に出るとまったく喋ることができない

表2　言語発達遅滞への対処方法（各項目は表1の分類項目に対応）

①手遊び歌を主体にする働きかけ
　・泣いたら、即座に周りの人が反応を赤ちゃんに示す、触れる
　・音感が優れているのを利用。身振りを短期間で憶える。踊る
　・乳児期に抱いた状態で音楽に合わせて揺らす（振り付けをする）

・リズム感を前面に出して教育（リトミック訓練法）
　　・音感を狂わす質の悪い楽器を排除。できれば電子キーボードがよい
　②滲出性中耳炎を見のがさない。耳鼻科で治療を必ず受ける
　　・新生児聴力検査をうけて、結果を説明してもらう
　　・慢性中耳炎と診断されたら鼓膜チューブ留置を考慮する
　　・静かな環境、防音室内で純音を聞いて覚えると効果を発揮する
　③声を使ったゲーム感覚をたくさん経験させる
　　・ボタンを押すと人の声が出る玩具に慣らす
　　・絵カードの絵と文字（ことば）の両面を遊びながら教える
　　・絵本を読み聞かせることで言葉の流れ、つながりを意識させる
　　・遊びながら声を経験（色の積み木をひとつづつ親が色を言う）
　　・同年齢の子どもが発する言葉に全身で浸かって過ごす
　　・国際結婚では親は必ず母国語で子に話しかける（バイリンガル）
　　・ものまね人形をつかって声で遊ぶ
　　・日常からあいさつの言葉をつかうことに誘う
　④実際に声をたくさん出す
　　・言葉で意志を要求したら、可能な限り実現させ、効果を実感させる
　　・不明瞭な発音を大人がとがめだてしない。子どもからの批判は良い
　　・極端な寡黙がある場合はくすぐる。どんな声でも動画で再生提示
　　・大人の唇の動きを見せながら発音をして、真似ができるように誘う
　　・歌が大好きなので、一緒に歌うように誘う（語尾だけでも結構）
　　・音声入力機能をもつ玩具で遊ばせる
　　・口輪筋の体操やマッサージをする
　　・50音表を風呂場の壁に貼って、名前を繰り返し教える
　　・風呂から出る前に一から十まで数える
　⑤自信をつける
　　・親は褒め上手になる。乳児期からキーボードで遊ぶ
　　・要求があったら、できるだけ受け入れてあげる（わがまま歓迎）
　　・お稽古に通ったら、まめに人前でする発表会に加わり体験を重ねる
　　・友だちと一緒に作業しながら、社会的つながりを学ぶ（統合教育）
　　・上機嫌で遊ぶ時間をできるだけ多くする

（表1・2の参考文献）
飯沼和三「ダウン症児と言語発達の遅れ」（『小児内科』第46巻第11号、1650頁、改変）東京医学社、2014年

でも事情は同じなので、兄弟がいる場合は、それぞれに機器を購入して与えることも忘れてはなりません。そうしないと、必ず意志強固な健常同胞が、ダウン症児が操作している機器を力づくで奪い取ることが例外なくみられています。

　海外の資料を見ると、とても興味を沸かせられる言葉の発達支援の器具が紹介されています。子どもの身長の高さで、透明な樹脂柱の中に液体が入っています。外部から、マイクを通じて、アーとかゴーとかジャンとか発音すると、その音声のちがいに応じて、ちがった虹色の帯が出現します。一人遊びしながら、声を出させる工夫が何とも言えません。しかし、高価ですし、日本では製作されていないようで、簡単に親御さんに紹介できませんでした。

　普段から、歌う、絵本を読む、手遊び歌に合わせて動作をする、笑い声が絶えないという環境が、言葉を育みます。オウム返しをするぬいぐるみ人形をそばにおいて、何でもよいから、喋りかける習慣を誘うこともあります。喃語でもよいから、音声が出ている顔をアップで動画記録して、それを子どもに見せることも勧められています。

　小学校1年生ともなれば、カラオケボックスに連れて行き、童謡などの歌をマイクを持って歌わせると、良い刺激となります。ひらがなを習いはじめた子も、カラオケ表示に歌詞がでてくると、ちゃんと字を追っているのが見られます。きっと、ひらがなが読めて、しみじみと良かったなと思っていることでしょう。もっと年齢が高くなると、はやり歌の歌詞をノートに書き写します。難しい漢字もそこそこに書きます。10代になると、換え唄が上手になり、家族一同が爆笑することもあります。

　言葉の発達を阻害する要因は、詳細に調べることによって、たい

ていは明らかになります。人との関係が希薄であるとか、音響に過敏な反応をしめすとか、生まれたときからひどい難聴と診断されていたり、声をかけられても反応するまでとても時間がかかるとか、場面場面の観察結果から、音声への適正な感覚反応を起こす神経系のどこに欠陥があるのか、見当がつきます。それらのことから、欠陥により引き起こされている障害を最小限化するための計画を立てることになります。

◆微妙な親子関係

　ダウン症児を育てるうえで、両親の役割が最大重要であることは、言うまでもないことです。そして生まれた時から、周囲の人間関係を必死に探り、生存適応を図っていると見えるダウン症児は、親を選べません。もしも親の片方でも、愛情が欠けた接し方をすると、健常児よりも繊細な感受性をもっているダウン症児は、甚大な負の影響を受けます。それは、「人間不信」とも言えるでしょうか。乳児でありながら、妙に冷めた表情の子が、時に見られます。あやされて、にっこりと笑えばよい状況で、笑顔がでないことを認識することは、とても大切です。その児の心理世界が、何となく推察されます。なぜ、冷めているのか。なぜ、素直に気持ちを表わさないのかと、養育者は考えたほうがよいのです。

　療育専門クリニックの外来で、こうした印象を与える乳児・幼児を見たら、まず家庭生活とか疾患の既往の詳細を尋ねることになります。例えば、児がぐずったら、誰がもっぱら相手をして安心させているかとか、乳児期に命を左右するような重大な手術を受けたかとか、ヒントになりそうな事項を探ります。

　夜中でもいつでも、あやすのが母親ばかりというなら、言い換え

れば、父親は育児に全く協力していないこととも受け取れます。それでなくても大変な負担の育児を、もっぱら母親ばかりが担っているとしたら、家庭で求められている調和が乱れているのではないかという危惧が抱かれます。夫婦間の助け合いがなかったり、母親がいらいらしていると、感受性が高いダウン症児は、それだけで、精神世界の成熟に抑止がかかるのです。

◆ダウン症乳児に説明する

　乳児期にいま述べたような複雑な心理を働かせていると考えるなど、私の思い込みだと、切り捨てるのは簡単です。しかしそういう判断をする医者や教師に、つぎのような観察事実を告げて、再考をうながしたい。

　国立小児病院で外来の担当をして、ダウン症児の療育の在り方について研究をしているときでした。11カ月のダウン症児に、採血が必要なので、ナースに依頼をしたところ、少しして、ナースから助けを求める連絡が入りました。血管が細く、子どもは反抗して腕を動かすので、採血ができない。指示をした当の医者に採血を頼みたいとのことでした。すぐに外来にいくと、数名のナースと母親が赤ちゃんの周りを取り囲んでいました。医者の顔を見たナースから、「この子が暴れて、危なくて、針を刺せません」と告げられました。たしかに、ちょっと触ると暴れます。それも全力で。前胸部に大きな手術痕がありました。私がうなづいて、「なるほど、当然ですね。では、まず説得して採血に協力してもらいます」と言うと、大人たちは全員けげんな顔をして、私を見つめました、（変なことを言う医者がいる！）。私はさらに、ナースに告げました。「こんな乳児に話しかけても理解できないと思っているでしょうね。で

は、実際に見ていてください」

　私は、診察台の上で腹這いの姿勢を取っている児の頭のほうに移動し、わざと見えるように注射器をかざして、「採血させてね」といいました。すると、さっと児は、反対方向に身体を回して、一生懸命に這いずっていきます。そこで私がまた児の頭の先に回って、同様のことをしました。児は、ふたたび回頭して、逃げました。周りのナースから、感嘆したような声がもれました。「あら、赤ちゃん、わかっているみたい」。

　そこで、私は小休止して、まず赤ちゃんに語りかけました。「ねえ。今から血を採らせてもらうけど、痛いことをしないと約束するから、暴れないでね」。何となく、周りのナースから冷笑された気配がありましたが、無視して、「はい、これで準備ができましたので、そこのナース、ちょっと手を抑えてください。強くおさないでね」と言うと、採血の態勢をとり、あっという間に、採血は終わりました。ナースが口々に、「あらー、全然反抗しないじゃない？」とまるで、無抵抗が心外なような言い方です。私のほうは、小児科医療の魂をスタッフに少しは教育できたのではないかと、内心、誇らしく思ったことでした。

　乳児期から、理解力があるだろうと考えて、ちょっとしたことでも、簡単な説明を児にしている親御さんを見ると、療育の成果が最大限まで上がるのではないかと期待がふくらみます。実際、良い成果をあげています。これは、付け焼刃では身につかない能力ですが、少しづつでも、努力をしているうちに、上達してきます。療育という場合、こうした親の気持ちを奮い立たせて、良い対応が長続きするように扶けることも、任務のひとつです。

◆父親にピエロ役を

　親が子どもに絵本を読んでいる姿は、ほほえましいものです。ここでは、父親に与えるピエロの役目について説明します。

　絵本を読んであげると、子どものようすから、この本は大好きなんだな、と推測されることがあります。その場合、絵本を繰り返し3から4回読んであげると、おそらく、その子が文章を全部暗記している可能性が出てきます。そのことを父親に言うと、ダウン症の子どもが覚えているわけがないというあからさまな疑いの態度をされます。そこで、それでは頼みがありますと、続けます。絵本を淡々と読んであげる途中で、適当な言葉を一つ選びだし、別の言葉に入れ替えて読んでください。あれっという反応を子どもがしたら、それは暗記している言葉とちがうという動作表現になりませんか、と。

　次の受診のとき、「うちの子どもは、意外に記憶がいいんだとわかりました」と何人もの父親が正直な報告をします。幼児でも知能の働き具合を想像できるので、できるだけ正確な精神活動を把握しておくことが役に立ちます。

◆究極のヤキトリ作戦

　育児相談の世界では、養育している当事者に不安を抱かせるような言い方は禁物である、と承知していますが、ひらがな読みのこととなると、このタブーをあえて破ります。「もうすぐ4歳になるというのに、まだ、ひらがなを一つも読めないのですか」と、おそらく親の気持ちを逆なでするであろうような言い方です。

　療育の場で言葉が早くから使えるということは、子どもの人生を大きく左右する能力だからです。特に、ひらがなが一つでも読める

と、短い日数で、読める文字の数がたちまち増えてきます。読むというコツを、子どもが気づいたのかもしれません。ひらがなゲームで、同じ文字合わせをうまくできても、黙々として遊んでいたら、読めているのとはちがう、と指摘して注意を払ってもらいます。ひらがなは、音読して初めて意義があるくらいに思ってもらいたいのです。

5歳、6歳になっても、ひらがなが一つも読めないダウン症児は、稀というわけではありません。言葉を出させるあらゆる手段を、次々と試してもらいますが、それに反応しないままに過ごした子どもには、究極のヤキトリ作戦で対処します。

ひらがなを読む勉強は、視覚と聴覚から入力しますが、さらに別の感覚を動員します。それがヤ・キ・ト・リ作戦です。夕方、父親と近所の焼き鳥店に行きます。店の前で、大きなのぼり旗に「やきとり」の文字をみつけます。父親は、おごそかに、「ヤ・キ・ト・リ」と子どもに読んで聞かせます。その段階では、子どもは、訳が分からないという顔をしているはずです。

入店したら、できるだけ、たれがおいしい焼き鳥を一串注文しましょう。親子で半分づつ食べます。そして、「焼き鳥、おいしいねえ」と声をかけます。支払いを済ませて店を出たら、またのぼり旗を指さして、ゆっくりと、「ヤ・キ・ト・リ」と読み聞かせます。

その後、店の前を通り過ぎるたびに子どもが「ヤ・キ・ト・リ」というならば、作戦成功です。匂いと味の感覚も加わって、読み取りの体験を濃厚にしました。これでも、まだ沈黙が続くなら、ほぼ有効手段のアイデアも尽きます。幼児には、食べ物をつかって学習させるのが、ベストだと思います。

◆言葉の発達を邪魔する要因

 言葉について継続して観察していると、一定の法則らしきものが見えてきます。

 事例ですが、男児が生まれた直後、両親は育児放棄して、失踪してしまい、祖母が引き取って、愛情深く育てていました。4歳頃に面接して、祖母との間で良い会話が成り立っているのを知りました。とても元気があり、庭の柿の木に登るのが好きで、時には屋根にも上ってしまうそうです。私が言葉をかけると、しっかりと目を見て、明瞭な発音で返事をします。祖母に育てられて、ここまで成長と発達を遂げる良い例でした。

 ところが、その子に、運命の不幸が襲いかかります。なんとあの両親が、どういう理由かわかりませんが、引き取り育てると祖母に告げ、連れていったというのです。2年後、その子は死んだという情報が、耳に入ってきました。あれほど言葉がしっかりと発達していたダウン症男児が、手の中からするりと、こぼれてしまったのです。

 その後も、祖母と同居していたり、スープの冷めない距離に住んでいて、盛んに祖母宅と行ったり来たりしているダウン症の子どもの言葉の発達が、概ね優秀である印象を抱いています。他にも、赤ちゃんの頃から、小売商店のかたすみに、かごの中に置かれて、過ごした児ですが、優秀な会話能力に感心しています。両親がお話好きで、お客さんとの言葉のやり取りが、盛んに頭上をとびかっていたおかげだろうと推理しています。

 経験上、子どもの発達に悪影響を与えるワースト3は、**家庭内不和**（夫婦喧嘩、離婚、嫁姑関係）、スパルタ教育、家族ぐるみの不運（借金まみれ）でしょう。根底に、ダウン症への差別観が潜んでいることもあるでしょう。最少限、ダウン症児の眼の前で、夫婦が

口論することは避けてもらいたい。ときには、ダウン症児の教育方針をめぐり、夫婦の間で異なる選択をする場合もあります。それが嵩じて、離婚に至ったケースを経験しています。子どもの発達がよかれと議論を始めた親にとって、たいへん皮肉な結果となりました。ダウン症児の側からすれば、両親が心理的に対立をしていることは、感覚として、わかっているのです。幼い心を痛めながら、何とか親の仲を取り持とうと、必死に考えているのです。

◆ヴァーチャル世界と赤ちゃん

　生まれてほどない赤ちゃんが、それなりに、周囲の環境を知的に分析しているということは、世の中の常識として定着してはいません。そこで、ある画期的な実験の話をします。

　アメリカで行われた実験ですが、新生児（1カ月未満）を数人集めて、首の後ろ側に電極をはりつけ、そちらの側の筋肉が使われると、発生する生理的電気をとらえて、記録をとるようにします（その記録を筋電図と呼びます）。そうしておいて、部屋の真ん中に大きなテレビを置き、猛獣ライオンの動画を流します。撮影された映像では、横からライオンが現れ、大きな口を開けてカメラに向かってとびかかります。テレビの前に並んで動画を見ていた新生児たちは、とびかかる画面が映った瞬間、すべての児の首の筋肉が動いた、という記録が残されました。新生児たちはテレビ画像の世界に引き込まれて、現実と画像の区別はしていなかった、ということです。

　赤ちゃんの時期からこのような認識能力があるならば、さまざまな動画で、学習をさせることも可能といえます。そのような遊びながら学ぶソフトが、次々と開発され販売される流れが、しだいに形となってきています。乳幼児教育の教材を率先して利用すること

も、ダウン症児の知能発達に役立つと思われます。

◆アルツハイマー病とダウン症

　ダウン症の脳がどういうふうに働いているか、それが健常児とどのようにちがいがあるのか、具体的なことはわかっていません。脳の両脇にある側脳質と中央の脳本体の間に存在するシルビウス溝の幅が広いことは指摘されていますが、子どもの成長にともない、すき間の幅が小さくなります。

　幅が広いということは、側脳質の細胞組織のボリュームが小さいため委縮して、間隔が広くなったのではないかと想像できますが、それがだんだんと狭くなる変化については、さまざまな仮説しかありません。側脳質の神経細胞が増えてきたのではないか、ということは想定されますが、実証されたことではありません。もしも乳児期から積極的に療育の指導を受けて、その刺激を絶えず脳が受けた結果、関係する神経細胞の数とか連結ネットワークが格段に増えて、側脳質の増大をもたらしたとしたら、それは画期的な話ですが、実証されていません。

　さまざまな原因で亡くなったダウン症の人の脳を寄贈してもらい、脳の組織を系統的に統計学的に分析し、特別なことを見つけた研究者がいます。顕微鏡で脳組織標本を観察してみると、35歳以上のダウン症の脳には、すべてアルツハイマー病の特徴とされる病理変化が大なり小なりで見出されたというのです。そこで、亡くなるまでの生活記録と照らし合わせてみると、高齢で亡くなった人も少なくないのですが、亡くなる前に急激な知能の低下をみたという人は、3割にすぎません。つまり、脳組織に特徴ある病変が生じても、アルツハイマー病変が顕在化したのではないかと疑われる人

は、全体の3割にすぎず、後の7割の人たちは変化なく一生を終えたということです。どちらが、大多数を占めているか、肝に銘じておくべきです。ダウン症の青年が、ちょっとした知能低下を示しただけで、アルツハイマー病変と結びつける医者がいます。それは早とちりであり、まさしく迷惑な話なのです。

◆知的発達を薬物で遂げようとする間違い

　アルツハイマー病治療に適応が認められた薬剤を、多くのダウン症の幼児に投与している地域が国内にあると聴いたとき、言葉もありませんでした。海外でも、ダウン症の青年たちに限定して、ピラセタムという同様の薬剤を長期投与し、知能の向上が見られたかどうか、研究的人体実験が行われたことがありましたが、厳密な統計学的分析の結果、知能向上はみられないと結論されました。それどころか、副作用が多発しました。その中には、てんかん発作のような危険な副作用も含まれていました。今では、この種の研究は実施されていないはずです。

　日本での人体実験が、幼児や学童をふくんでいることに、さらなる心配の念を抱きます。脳神経系に作用する薬剤を、安全性を無視して、成長盛りの年齢のダウン症児にあえて投与する医者には、そのモラルを問いただすしかありません。近い将来、正常な脳機能を外部から損なわれたという訴訟が、医者と製薬会社に対して起こされることを想像しないのでしょうか。過去の事実として、多動の児童にリタリンを投与して悪性症候群という治療不能の脳荒廃をきたしたという歴史的教訓があることを、完全に忘れたのだろうか。

　そもそも何かの薬剤を飲んで、すぐに頭の回転が良くなったと、本人が自覚するまでのとらえ方に、危険な気配を感じないのでしょ

うか。まるで覚せい剤を勧めるみたいだと気づかなかったのでしょうか。教科書を開いて、時間をかけて読み進み、課題問題を解いて学習レベルのアップを確認するという地道な努力が、最優先されるべきと、言わなくてはなりません。知能をアップさせたいなら、楽しさ一杯の体験をたくさんさせることです。知能を改善させる効果をねらったと、関係者（医者や薬剤企業）は言うでしょう。今ある状態よりも**改善**された状態になることを示唆します。薬剤を服用すれば、知的水準があがると言います。

　アルツハイマー病の患者にとって、急速に落ち続ける脳の知的活動をわずかでも遅くする効果があったなら、それは立派な治療薬剤の仲間入りといえます。日常会話が回復してできるようになったら、それも優れた治療薬剤です。そのような薬剤は、すでにあります。でも、ダウン症の子どもに投与して、何を期待するのでしょうか。かつてできたお喋りの能力が消えたので、薬物投与した結果回復できたというのなら、大いに歓迎です。しかし、薬物投与をして、ダウン症のこどもたちの知能レベルを上げるというのは、まったくちがう目標設定です。知能が薬剤のおかげで賢くなり、受験戦争で勝ち組となり、全国の難関大学に入学できるようになるというのなら、ぜひとも証明して、全世界から賞賛の嵐をうけてもらいましょう。そんな薬は、聞いたことがありません。そもそも、この人体実験において、健常児が含まれていないことにも不審な点があります。ダウン症児の生命を軽視しているとしか思えません。

　ダウン症児の人体実験そのものの素地に、健常児を対象としないパターンには、微妙にして計算された差別の観念（ダウン症児の生命を軽視する）が潜んでいます。

　脳の働きが活発な状況で、魅力的な知識情報を提示すると、たち

まち吸収するならば、教育をするということは、それほど難しいことではありません。ダウン症児の脳は、そのような働き方をしているように思えます。

◆難しいのは動機づけ

　誰でも知っていることわざに、馬を川辺までつれてはいけるが、馬に水を飲ませることはできないがあります。水を飲む動作は、外部から強制しても、肝心のご本体がやろうとしないかぎり、実現不可能です。しかし、本体が飲むという気持ちを抱けば、飲むのです。こんな当たり前のことが、ダウン症児の療育では忘れられがちです。

　世の中には、ダウン症児のための療育プログラムを実践していると自称する施設がかなりの数存在しています。プログラムは、実に具体的現実的な訓練法でできあがっています。それを実践すれば、ダウン症児の運動能力も知的活動も高くなると期待されます。しかし現実はそんなにやさしくありません。やればきっと発達上に良い効果を発揮すると誰もが合意する訓練であっても、肝心のダウン症の子どもが乗り気でなかったら、効果はゼロです。ダウン症児の気質を表現すると、「関心を持った情報は並みの人以上に記憶力を抜群に発揮して、反対に無関心な情報については、いくら周りの人が強調しても、まったく記憶に残らない」となります。

　ちなみに、多くの医学書は、ダウン症児の記憶力は脆弱ときめつけていますが、それは実体を反映していません。興味を抱いたことは何年後でも正確に思い起こします。無関心なことだと最初から記憶のすみにも残っていません。この両極端を含んだ知識構造がダウン症児の特徴なのです。

◆ **落ちこぼれの成功者**

これはダウン症とは直接関係のない話ですが、特殊学級（今は特別支援学級）にまつわる愉快な話題なので、読んでください。

実生活の中で、適宜、必要な知恵を大人から与えられ、実践することで、必要な知恵が身につきます。小中学校を、当時の特殊学級で過ごした人が、30歳を超えた年齢で社長として、目覚ましい収益を上げる会社を運営しているところに、私は面談に行ったことがあります。その人が生命保険に入るので、往診して健康診査をするよう依頼を受けたからです。

この社長はいわゆる健常者です。会話を交わす中で、小中学校時代の履歴をきいて、ちょっと驚きました。「なぜ、子どもの時に特殊学級に通うことになったのですか」と無遠慮な質問をすると、「教師の態度と顔が気に食わなかったからかな」と返答され、続く話をきいてもっと驚かされました。高校では普通学級に進学したのですが、そこでもやんちゃを貫き、近隣の仲間を集めて、夜な夜な、集団でオートバイ走行を楽しんだと言います（世に言う暴走族です）。パトカーと追いかけっこをしたのも楽しい思い出だとか。仲間が増えて、一時は150人くらいの集団をたばねていたそうです。並外れた指導力の持ち主だったことがわかります。

そして20歳になったときに、族からの卒業宣言をして、足を洗いました。と言っても、いまさら人の下で命令を受けて働くのはむずかしかったので、それから数年後にささやかな会社を興して、社長におさまりました。幸いに業績は上々で、今では数億円の年間利益を上げているそうです。つい、こちらから、またまた無礼な質問をしてしまいました。「でも、漢字も読めない、書けない。算数ができないで、会社経営がよくできましたね」と。

すると、「いやあ、現場に出て、必要な書類を読み取るとなったら、必死になるので、自然に読めるようになりましたよ。数字を理解するのも、学校ではまったくわからないままに過ごしたのですが、いざ、仕事となると、わかるようになるもんですね」と、すました顔でした。

　血圧を測定する際に、片方の腕のワイシャツのそでをまくりあげてもらうと、入れ墨があるではありませんか。二の腕に腕章のような模様でした。暴走族の屋号のようなものと言われました。社長の後、さらに重役２名の審査をしなければならなかったので、順番に呼び入れました。常務と専務も、それぞれ社長と同じ腕の個所に、同じ模様の入れ墨を見ました。なるほど、この会社は、結束力も尋常ではないと思いました。

　このことから、学校教育が、将来の大金持ちへの必須条件とか、社会的成功人となる必須条件と言えるのかについて、教訓を見ることができます。人が知恵ある人格を獲得するために、何が必要か、考えさせられました。

　必要なこと、それは、手本となる先輩、親しい人たちの存在ではないでしょうか。憧れの気持ちを抱いて追いかけたくなる人こそが、教育という影響力を最大に発揮することでしょう。もちろん、学校の教師の中にも、そのような人物を見ることがあります。それを私は密かに"カリスマ教師"と呼んでいます。カリスマ教師に教えられると、生徒たちは、一律に、学ぶ喜びを強く意識するようになります。生徒とのつきあい方がとても巧みです。別の言い方をするならば、人たらしの名人なのです。生徒の側は、「あの先生は、オレのことを、いつも特別に心に留めてくれていて、能力が高い、才能があると褒めてくれた。その代わり、叱るときはひどく怖い思

いをさせられた」と言います。いつか同窓会で、この昔話が交わされたとき、何人もの卒業生が、「アッ、オレも同じ経験をした」と叫びだすことでしょう。

　しかし、このようなすぐれた教師から影響を受けるよりもはるかに高い確率で、家族とか友人とのつきあいの中から、善悪の判断、決断力、忍耐力をみがいて、自ら人格を形成するという人が、実際に多くいるはずです。

第5章　つきまとう偏見と差別

　療育を継続していると、避けられないのが、ダウン症についての差別と偏見に出くわすことです。人類史上、見慣れない人への差別と偏見は根強くあり、それはダウン症の子どもや成人に対しても、陰日向の区別なく、押し寄せています。個人のレベルの差別意識は、及ぼす影響が限られていますが、社会的な差別と偏見は、意識下に当然のことのように刷り込まれていることが多く、それが差別だということに自ら気づくことも困難です。扱いに手を焼きます。

◆**進化論との交雑**
　ダウン症の概念は、19世紀半ばに、ヨーロッパの医師により公開されました。英国の医者ランドン・ダウン（Langdon Down）氏の論文は「知的障害者のマレー人種化」と言うタイトルで、その論理は、白人種至上主義に通じる思想に基づいていました。白人は、人類の最高度の知的人種であり、その白人の子どもの体内で、進化上の劣化退化が生じて、劣等人種であるアジアのマレー人と酷似することになったという理屈を展開しています。当時、まだ存命中のダーウインが進化論で世を騒がせていたので、その影響を受けた医学的理論と受け止められています。それは明らかな人種差別を反映していますが、当時のヨーロッパ人には、黒人もアジア人も、白人と同等な身体構造と能力を宿していると考えることは論外でした。

この風潮は、さらに拡大して、ダウン症児の顔貌特徴において、目が細くつりあがっていて、鼻柱が低いことから、かっての大蒙古帝国がヨーロッパを席捲した折に、地元女性と蒙古兵の間で生まれた混血児のことを想起して、モンゴルの血が復活したという理屈につながりました。蒙古症（mongolism）と呼ばれました。蒙古人種とはまったく関係のない話です。

論文発表者の名前を冠してダウン症と呼ぶようになった知的障害者の集団について議論するにあたって、やはり進化論の影響をまぬかれませんでした。当時の医療常識として、大多数が乳児期に死亡したものと考えられます。ダウン医師が、十分な人数のダウン症と考えられる少年・青年たちと出会ったことは、歴史的に僥倖とも呼ぶべき瞬間だったでしょう。それらの青少年は、おそらく、合併症がなく、親が金持ちであったという二大条件を満たしていたと想定しても大きく外れることはないでしょう。他人の面白い言葉や仕草をまねることができたことは、近くに親しい雰囲気をただよわせた隣人がいたのでしょう。こういう時代と環境での生存率は、とてつもなく悪い数字だったはずです。ましてやダウン症児を教育可能な子どもとみなす考え方など、途方もないと退けられたはずです。すなわち教育可能の確率は 0 パーセント。

それから百年後の 1965 年、画期的なダウン症についての国際会議が開催されました。そこでは、教育の可能性に言及していて、その数値は 1 パーセントと論じられています。ほんのわずかでも、とにかく、増えています。教育をうけて、知能を立派に示した一群のダウン症児がいることに、研究者が気づいた最初です。

この教育可能（educable）という概念は、第 1 章で述べたように、その後も論じられ続きました。特にアメリカにおいては、1960 年

代後半から親の会の組織化と社会運動が活発になり、ダウン症児に対する医療の消極的な関わり方を根本から変えるように求める声が大きくなりました。それと並んで、学校で教育をうけさせる運動が進められ、その前提条件である乳幼児期の体力づくりにも、親たち、協力者たちの強い関心が寄せられました。怒涛の大波の中で、治験が蓄積して、だんだんと親たちの主張内容に、社会が耳を傾けるように変化してきました。

◆アメリカの ADA 施行

障害者を社会の隅に囲い込んで、できるだけその存在を無視することができる仕組みを目指した国は、数えきれないほどあります。一方、障害者自身の人権意識と決意の高まりによって、障害者の立場に理解を及ぼそうという運動も高まってきました。障害をもちながら、世の中で活躍する人がつぎつぎと出現してくると、もう止められません、無視できません。彼らを仲間として受容するか否かを問われるようになります。

西洋社会では、いち早くダウン症の人たちが、才能を開花させ、思いもよらなかった分野で活躍をするようになりました。もしも、俳優のように皆から注目される役割であれば、その影響はさらに増します。例えば、1970年代のアメリカでは、ダウン症の少年がいる家庭を描いたTVの連続ドラマで、クリス・バーク（Chris Burke）氏が主演を張り、一躍人気者になりました。それに伴い、ダウン症の認識のし方も変わってきました。

こうして積み上げられた障害者の努力が認められるにつれて、障害者の人権に対する侵害にも敏感になり、社会的意識が醸成されてきます。アメリカの障害者たちが一斉に意見を言うようになり、世

論が形成され、ついに障害者の人権を法的に守る、という姿勢を明快にする法律ADA（米国障害者法）が成立しました。1979年のことです。その文面を読むと、公的機関で障害者が公的サービスを享受しようとして、それができないような、物理的もしくは法規上のバリアーがあったら、法律違反とみなし、徹底してバリアーをなくす努力を、公的機関に義務づけています。しだいに、その価値観は、民間の施設や店などにも影響を及ぼしはじめました。かくて、アメリカでは、ダウン症をめぐる医療と教育の土壌は完全に変わりました。社会的常識としてのノーマライゼーション（Normalization）の概念が実体化されてきたのです。

　日本でも、同じ概念を語る人はあちこちにいますが、実を伴わない言葉だけの空論では、社会の改革を実際に起こすには、道なお程遠しです。法律がひとつでき、その理念の実体化が励行されると、社会は確実に変化します。車いすで移動する人が旧来の階段を前にして、「これは裁判にすることで、良い方向に変化するぞ。責任者に痛撃をあたえられるぞ」と思う社会ができてきます。20年近く以前、私がお世話になったアメリカの医学部教授を、羽田空港に迎えにいきました。教授は、大きな旅行鞄をひきづりながら歩いていましたが、途中の浜松町駅で降り、エレベーターとエレベーターのつなぎの階段を手で運ばないといけないと知ると、ごく自然に「こいつは、裁判だ、裁判だ Sue, it's sue」と私にむかって口走ったのでした。

◆教育可能の数値が増える

　第1章でも述べましたが、1970年代の頃までは、ダウン症児の教育可能の数字は、15％とか20％とかの前後で議論されていまし

た。その後、幼児教育を継承しているプレ幼稚園の教育が盛んになり、その成果があがるにつれて、一般の小学校に入学するダウン症児が増えてきます。特にアメリカでは、ADA 法の施行によってさらに拍車がかかりました。小学校の側は大変困ったことでしょう。もちろん、親が望めば、特殊教育施設とか、日本の養護学校に相当する学級を設けることはできるのですが、実際には、ほとんどのダウン症児が普通学級に通い出しました。その辺りの教育界の混乱ぶりと秩序の回復の変遷は、NHK 主催の映像コンテストで金賞を獲得したドキュメンタリー映画につぶさに描かれています。この時代になると、なんらかの教育が可能なダウン症児は、70％近い数値で受け止められていたようです。

　実は、ダウン症教育をめぐっては、まだ不明瞭な分野があり、さまざまな教育の努力を積み重ねても、およそ5〜15％の子どもたちについては、これという成果があがらないことが経験として知られています。一方には、教育を与えることで目覚ましい発達を示し、成人して社会に活躍するダウン症の成人がいると思えば、他方では、ほとんど文化の恩恵を受ける能力を示すことなく、深い発達障害の世界に沈潜しつづける成人もいるのです。ただし、昔と今で比較すると、比率は逆転しています。幼い頃から、重度の発達障害を示しつづける子ども・成人については、別にとりあげています（第 11 章参照）。

　これまで述べてきたように、教育可能とみられるダウン症児の割合は、間違いではないかと思えるほどに増大しました。日本でも、普通の大学に入学し卒業したダウン症の人が出てきました。それも、自然の愛情をかける中での成果でした。スパルタ教育を排除しても、高等教育が実現することがもっと広く知られるとよいと思い

ます。その教育態度を長く観察することができた結果、教育の要諦として、**子どもの学習の喜びを、親が共有することで**、理想の教育が実現すると考えるようになりました。

　ダウン症という言葉は、一般の人たちの間にも一定程度流布しています。それぞれの人の心で、ダウン症のイメージが抱かれています。関連して注意すべき点がありますが、よほどの専門家でないと、理解されていない含意があります。「ダウン症の人たちが示す社会的適応の障害や発達の問題は、一律ではなく、実に多彩で個人的である」という特徴です。この認識はきわめて大切で、常に念頭に置いておかねばなりません。医学教科書の中に、ダウン症が抱える問題の記述を見ても、薄い頁でしか書かれていません。医学的な課題は、はっきりとした「病気」だけを対象として取り上げることにあるためです。ことを整理し簡単化して、そこに力を集中して解決を図るのは、学問として当然至極の態度です。しかし、わが子として産み育てようとする親と家族にとって、子どもの存在は「病気」で説明し切れるものではありません。人として、生きる（当然「死ぬ」も含まれています）発達を評価するときに、一定パターンから外れていると、それだけで重大な問題が発生したとする判断をくだすことは、余計な混乱をもたらします。

　だからと言って、何もしない育児というものはありません。典型的なのは、ダウン症児の療育指導として、「普通の子どもと同じに育てなさい」を金科玉条にした指導で、これは千変万化のダウン症児発達の多様性を正面から受け止めようという態度と、根底からちがいます。ダウン症の子どもはたいへん個性的です。あまり個性が偏ると、人格が変だ、価値判断がゆがんでいるのではないか、と疑われますが、個性の発現の場は社会的に許容範囲があって、範囲内

であれば、何もとがめだてされることはないはずです。一般的に言うと、個性が特徴的に発揮されるのがダウン症児の発達なのです。親が誇りに思うようなすぐれた行動も、また、まゆをひそめるような困った行動も、それぞれに個性豊かに発揮するのが、ダウン症児なのです。

◆自殺した友への思い

　N市在住の小学校4年生になるダウン症男児の母親は、熱心に私の外来に通ってくれました。ある時、男児の行動について切り出してきました。特別支援学級（当時は特殊学級と呼ばれていた）に通っていましたが、同級生に情緒障害児が増えて、息子がその生徒たちの行動を真似するようになったと言うのです。それもだんだんと真似する時間が増えてきて、今は常時しているとか。小学3年生までは、いわゆる通常の行動パターンで、言葉も普通に交わせる状態でしたが、情緒障害児の真似をするようになってから、会話がどんどんなくなってきて、今はうなり声だけ、とも言いました。

　診察をして、母親の言葉は真実を語っていると信じられました。おそらく、本児は、情緒障害児の格別に目立った行動に強く印象づけられて、興味を抱き、さらに真似をするようになってしまったのだろうと推測しました。実際、目立った行動の中には、額を壁にぶつけて血が流れるような姿の生徒の行動がふくまれていたので、見ないふりをするのは、難しいとわかりました。

　そこで、私は、母親に提案をしました。「まず、今の情緒障害児の中にどっぷりと浸かっている状態は、解消しないといけません。今現在の選択肢として、学校を変えるか、教室を分離してもらうかです。でも公的教育の現場で、教室を分離するのは至難の業でしょ

うね」と、やや投げやりな提案ではありました。

　それから数カ月後、母親から手紙が届きました。それによると、母親が熱心に嘆願を繰り返して、それまであった教室の真ん中に壁をつくり、室が二つに分けられました。本児は、一人だけの生徒となってしまいましたが、教師がマンツーマンで授業にあたり、会話が復活し、常同行動は完全に消えたという内容でした。これは凄い。驚くほどの劇的効果と思いました。

　外来に現れた母親に、その努力をたたえる言葉を浴びせましたが、本当にめげずに、母親が一人奮闘して、学校側と交渉を重ねたということでした。そして、先生にお話ししたいことがありますと言って、次のような話を始めました。

　「同じダウン症児を育てていた母親と私は親友づきあいをしていました。その人が、家族と親戚から心ない言葉をなげつけられ、とうとう電車の踏切で、息子を抱えて心中をしてしまったのです。友だちの無念を想うと、簡単に引き下がってはいけないと思い、友だちの分もがんばろうとした結果、やっと私の要望が聞き入れられたのだと思います。いつまでもその友だちのことは忘れないでいます」。

　私は、その行動の圧倒的な背景に、かける言葉がみつかりませんでした。

　彼女の親友であったダウン症の母親は、なぜ自殺したのでしょうか。母親の側に病気としか言えないような強い自殺願望があった、と考えられるのだろうか。ですが、彼女の育児への取り組みの内容を検討してみると、自殺へつきすすむような不安や自信喪失を思わせる言動は、否定的でした。むしろ、健全な精神をもって育児にとり組んでいる母親に対して、外部から、育児をしても無駄だよ、ダ

ウン症児を生んだ時点でほとんど価値がない人生を背負うしかないのだよ、といった圧力が外部から加わって、じわじわとコーナーにおいつめられてしまったのではないか、と考えるほうが、当たっているように思われました。そのような外圧をかける人びとは、無数にいます。まず、夫、義父母、親戚から始まって、教育者、医者、役人と、場面を問いません。

そうした母親を自殺においやるには、それだけの要因が環境内にあるということです。ダウン症に対しての"社会的含意"が存在しているのです。世の中には、ダウン症は避けるべき状態で、その診断を受けた子どもは、不運なカードを引いた例外なのだという認識があります。その認識があるが故に、特別扱いをします。うわべは親切な態度で、内心は優越感をもった憐れみの気持ちで接するという、二重心理です。表裏一体はまれです。

ダウン症の赤ちゃんが生まれ、平然として育児にかかるという人はあまりいません。社会ぐるみで、ダウン症児の誕生はただならぬ事件だと決めつけて、育児にまで介入してきます。ダウン症児の育児は、常識外の体験であり、産んだ母親はその責任を自覚しないといけないと、社会的含意は迫ります。私は、この潜在意識に対抗すべきと考えて、「ダウン症は病気じゃない」という本を書きました。この本の中で、普通の子どもたちにも、平凡ではない体質をもって生まれた赤ちゃんがいることでしょう。ダウン症児は、そうしたとらえ方で、十分に教育をすることができると主張しました。

それまで、ダウン症は染色体異常で、治療不可能な疾病だと断定して顧みることがなかった医学界ですが、徐々に、ダウン症自体は病気ではない、と言う表現が、医学誌上でも散見されるようになってきました。健常な身体の在り方の範囲を拡大することで、ダウ

症児の体質自体は特殊視しなくてもよくなってきました。海外の学校では、健常児の学校に通うダウン症児が増えてきています。アメリカでは法律に基づいて、昔の日本の養護学校に相当する施設を廃止し、すべて普通学級で教育を受けることに変更されています。そのことは、健常児のイメージの中にすくすくと育ったダウン症児が含まれることに、抵抗がなくなることへの一助となっています。

　日本の社会に巣くうダウン症への偏見と差別の意識は、養育者を絶えず苦しめます。そんな子どもを産んだことに罪悪感を抱けと迫ります。ダウン症児の養育者に声高に迫るのが家族親戚であったら、苦しみはさらに倍加されるでしょう。この意識は一日で形成されたものではありません。百年単位で、生まれながらの障害児とその子どもを育てる母親に有形無形の非難を与え続けます。伝統が生じます。だれもその正当性に疑いをもたなくなります。ダウン症をもって生まれた児は、不幸な運命を背負った子どもと定義してもよいのだろうか。

　母親が自殺に追いやられる構造をよく見ると、理不尽な偏見と差別の意識が大きな魔神の塊のように、弱い母親に襲いかかったとわかります。この構図に理解が達していない人たちは主張します。「差別に負けるな、抵抗しろ」と。常套文句です。誰でも抵抗するのは無理なほどに巨大な差別を放置して、ひとり母親だけに抵抗しろと要求するのは、どういう心理でしょうか。妊娠した女性がまず気に病むのは、社会が共有する差別を知っているからです。出生前診断を批判する口は、前提となる差別を少しでも減らすことにエネルギーを注がなければいけないはずです。母親の自殺の背景を分析する中で、本当に罪が重いのは、社会的含意としての偏見と差別に直接さらされた母親を、守ろうとする人が現れなかった状況だと気

がつかされます。

　ダウン症の育児をしている母親に対立する存在として、ダウン症への偏見と差別意識があることは述べました。対立図式をいつも忘れないようにして、成長と共についてくる行政との折衝、教育への参加、医者からの助言等を理性的に受け止められるようになることが、親の理想と言えるかもしれません。

◆算数の優等生をけなす教師

　小学校入学する前の半年間、子ども向けの算盤塾に通っていたダウン症男児が、普通学級に入って算数のテストを受けたところ、すでに加算の暗算をできていたので、お茶の子さいさい、学校の算数の成績はいつも満点をとっていました。周りの友だちで百点満点を取る子がしだいに脱落していき、最後の一人が自分だと知ったその子は、心境に変化が生じ、チャンピオンを死守すると決意しました。その後も、満点を続けました。

　小学校4年生の時、不運な巡り会わせがありました。普通学級の算数の授業です。教師は問題の式を黒板に書いて、誰かわかる人は？と尋ねました。数人の生徒が手を挙げましたが、その中にダウン症の生徒もいます。教師は、ダウン症生徒を指して、答えさせました。正解。すると、教師はとても残念そうな顔をして、いきなりその生徒に言ったのです。「今は正しく答えられたが、もうすぐ答えが出来なくなるんだよな」と。クラスの生徒全員聞いている中でです。

　こんな漫画みたいな場面は、現実にあったと思えないので、その話をしている母親に、「まさか」と言うと、母親は「いいえ、本当の話です。実は、当日私は、校長先生に用事があって、学校に入

り、ちょうどその教室の横の廊下を歩いていました。すると、窓越しに、手を挙げた自分の子どもがあてられ、正解を言ったのを聞き、さらに教師がひどいことを言ったのを、実際に聞いたのです」と言いました。まさに、スズメ一羽落ちるのも、天の配剤です。こんな偶然が起こるなんて。私は一言もありませんでした。母親が、直後に校長に面談したとき、このことを話したと言ったので、わずかな救いがありました。

この男児生徒には、後日談があります。小学校6年生になる直前、空手道場に通いはじめて、真剣に練習に取り組みました。理由はいいませんでしたが、学校で何があったか、想像がつきます。彼のまわし蹴りで、道場のサンドバッグが大きな音を立てて揺れるのを見て、よこしまな動機で、この子に手を出す同級生に、ちょっとだけ同情しました。学校とは、ときに生徒が自ら身体の安全を守らないといけないジャングルと同じ意味をもっているようです。

◆予言された乳児健診

ダウン症の赤ちゃんが生まれて、早めに有効な療育の指導を受けて実践するならば、身体の動きに発達の証が明瞭に表れてきます。早ければ2カ月半で、腹這いで頭をもちあげて安定している姿勢（スフィンクス姿勢と呼んでいます）がとれます。さらに5カ月までに下肢を伸ばして立つ姿勢がとれます。両足の底に赤ちゃん自身の体重がかかっていますが、背筋を伸ばした良い姿勢を維持しています。運動発達が順調に進んでいる証拠となります。

この時期に、乳児健診が医院や保健所等で実施されます。母親が切り出します。「あのー、乳児健診のお知らせが来たので行ったほうがいいですか？」。それに対して答えます。「行かなくても問題は

ないのですが、親の教養が増すかもしれないので、受けてくるといいですね。その際、お母さんはこう動いてください」と指示を与えます。「まず、健診ではだれにもダウン症児だと言わないこと。順番がまわってきたら、素直に子どもを渡して医者がやることを見ていること。そして、おそらく３分も経たないうちに、ハイ、異常なしですと言いながら、赤ちゃんを渡してきます。そこで、お母さんは抱っこして、退室するふりをしながら、一言、この子はダウン症なんです、と言いましょう。すると、医者がすぐに再度診察をすると言います。おそらく５分以上かけていろいろな観察をするでしょう。何かの姿勢をとらせて、長い時間その姿勢で維持すると思います。そのうち赤ちゃんが疲れて、筋肉の力を抜いた時、その姿勢がひょいと崩れます。そうすると医者は、やっぱりダウン症だと言いながら、あらためて赤ちゃんをお母さんに手渡しすると思いますよ」。この予言は当たります。

　多くの母親が健診後の報告で、「どうしてお医者さんが言う言葉までわかったんですか？」と尋ねるので、「それだけ大勢の母親から報告をうけているので、一定のセリフがわかってきたんです」と答えます。これは、医者側の偏見と差別の表れです。医者自身は自覚していません。ダウン症児は５カ月過ぎるまでは、頚定（巷間で首が座ったと言う状態）などありえないと思い込んでいます。ごくまれに、発達の良いダウン症の乳児に出会ったら、担当する医者が、発達の良さを認め、賞賛することがあります。その医者が本当に医者と呼ぶべき資格をもっている人物なので、今後、機会があったら、信頼をして子どもの世話を頼むとよいですよ、とお母さんに告げます。眼前の事実を偏見なく見て、合理的に判断する能力は、医者にとって肝要な資質です。

◆**心臓移植とダウン症**

　アメリカでも、ダウン症児（者）への差別がどこにもないというわけではありません。さりげない形で差別が露呈されることがあります。心臓移植が盛んに行われているアメリカで、ダウン症の話題が議論されたことがあります。ダウン症児の４割は、生まれつき心臓の奇形をもって生まれます。重症で複雑な奇形が多くみつかります。日本でも、心臓外科の専門医が活躍し、ダウン症の子どもも多く手術を受けて、生命が救われています。

　しかし、心奇形のために血液循環の機能に障害をきたし、さらにその進行が速いと、間に合わないこととなります。ダウン症の死因として、若い世代では心臓奇形のためというのが第一位ですが、傷ましいことに、手術死も含まれています。重症度が進むと、どんな医者でも手を付けられない状態になります。いっそ、心臓移植に踏み切るしかないとされるケースもあります。

　アメリカの十代の女性が、心臓移植しか選択の余地がないとされて、移植を受ける決心をしました。ところが、それから、長い闘争の中でもがくことになります。まず移植を待つ患者のリストに掲載されました。適切な移植を受ける患者選びでも、少数の中に選ばれ、そして医療機関まで呼び出されました。

　この時点でダウン症とわかり、その医療機関が厳しい空気に変わったことが分かったそうです。担当者はこの段階で、移植で提供される人が命を失う代わりに、貴重な臓器を提供しているという現実を、はたして、ダウン症の女性が自覚しているかどうかを問題視しました。もちろん、当人は「わかっています」と回答しました。それでも担当者は引きさがらず、脳停止とか心臓停止とか、むずかしい言葉をぶつけて、その意味を説明してごらんなさいと、ダウン

症女性の知識を探りはじめました。知っていることをいくつか結びつけて、なんとか回答をしたそうです。ところが、このような問答をするために、面接が、三度ちがう日に実施されました。

この過程で、これはおかしいと感じた女性の訴えから、米国ダウン症協会が動き、ダウン症への不当な差別ではないのかというキャンペーンが始まりました。アメリカ中のダウン症児の家族から、支援の声が寄せられました。医療機関は、担当官の任務として、臓器を提供してくれる亡くなった人への尊敬と感謝の念がなくしては、移植医療は成立しないと公式発表し、言外に、担当官の行為を援護しました。それでも、ダウン症女性への心臓移植は実施されました。今でも元気に生活をしているそうです。日本で同様な事例がおきたらどうなるだろうか……。考えたくありません。

この議論を通じて、新たに私が知ったのは、別のことでした。ダウン症の人が亡くなり、本人の遺書に、心臓を移植用に提供すると書かれていたとしても、その心臓は移植用に供されることはなく、完全に拒絶されます。移植に関わる規則の中に、染色体異常を有する人からの臓器提供は否定することになっています。同様な縛りはアメリカにも日本にもあります。

◆差別は、空気でわかる

2歳のダウン症の娘をつれて、ハワイ旅行をしてきたばかりの母親から、その報告をきいていました。バギーを持参し、移動にはそれに載せました。「ハワイでは人気を集めたでしょう」と問いかけると、母親は、にっこりして、「ええ、とても良かった。子どもの

---

* 2019年2月11日、米国ダウン症協会は移植7年後を祝賀するニュースレターを発信した。

ようすがすっかり変わって、ところかまわず愛想よくなり、ハローハローと言いながら、手をふったりするんです」「エレベーターの中でも乗り合ったお客さんが、あいさつしてくれるところなので、さぞ気に入ったでしょうね」「ええ、町中の道を歩いていても声をかけられるので、すごく機嫌がよかった。ハワイに行って大成功でした」と会話があり、最後に、「ところで成田空港に帰ってから、また気づいたことがありますか」と尋ねると、「それが、先生。成田に着いたとたん、バギーに乗せても顔をふせてしまい、もう挨拶も手もふらないんです。あの人なつっこさは、どこにしまいこんだんでしょうね」と、顔をくもらせながら母親は言いました。まだ3歳になっていない年齢で、周りの人から受けるまなざしのちがいが分かっているんだと思い知らされます。日本で、バギーに乗ったダウン症の子どもが、こんにちわ、こんにちわ、と手を振る環境が出現する日は、いつのことでしょう。

　それから数カ月後、こんどは、6歳のダウン症女子と初めてのロンドン旅行をした母親と、面談しました。かの地では、英国ダウン症協会が活発に活動して、社会的に貢献しているという話から、社会的受け入れ具合に及びました。そこで、ある母親からの投稿文についてお話をしました。欧州では、30年前頃をピークとして、顔面整形手術が多数行われました。顔の特徴を消してしまえば、ダウン症とわかりません。ところが最近になって、その親御さんたちはたいへん反省をしているそうです。社会の認知が進み、ダウン症の子どもとわかると、多くの人から暖かいまなざしを送られ、声をかけられるように大きな変化をとげたのですが、自分の子どもの顔つきは普通児の印象に修正しているので、そのようなうれしい心理的体験を、自分は享受することができない、とわかったからです。

この投稿文には、深い意味があります。イギリス旅行をしたという母親に、ハワイ旅行でのびのびとした幼児のことを、話しました。すぐに、「先生、それって本当ですね。うちの子も、ロンドン滞在中はだれにでも挨拶をしていましたが、成田に着いたら、まったくそうしなくなりました」と彼女は言いました。

　ダウン症の子どもたちに、容易に察知されるほどの違和感を与えている状況について、日本の大人たちは恥ずかしさを覚えないのでしょうか。成田空港を利用するときに、ここの空気は差別と言う名の汚染物質をたくさん含んでいるんだ、と感じる子どもたちが存在することを、どれほどの旅行者が想像することができるでしょうか。

◆母親の付き添いが交換条件

　あるダウン症の子を普通学級に入学させたところ、しばしばその子の親には、次々と無理難題が学校側から突き付けられました。ダウン症それ自体が、普通学級に学籍があることを許さない、という信念があるのかと思わせられるほど執拗に、支援教育をしている学級とか学校に移るように、学校側は迫りました。その中でいちばん多いのが、授業を受ける際に教室で親が子どものそばに付き添うように求めることでした。

　統計を取ったことはないので、数字で表わすことはできませんが、普通学級に入ったダウン症児に同様な要請がなされることは、外来で来た親御さんから聴かされることからも、かなりの頻度であると推測させられます。このような要請を学校が持ち出す理由は、ほとんど同じです。介助教員を特別に付ける予算がないので、普通学級の授業では無駄な時間をすごすだけですよ、という定型的な言い方です。そこには、ダウン症児だから授業を受けても何の益もな

いという思い込みが、ありありと窺われます。それでもなお普通学級に在籍させたいと主張すると、それでは親御さんが授業中に付き添ってください、と言われます。これは交換条件かと確かめると、公式にはそうではありませんが、親の付き添いがないままに授業を受けさせることは、実際上できませんと、妙に断言されるのです。親としては、ほとんど交換条件としか思われません。授業についていかれないとどうしてだめなのかとさらに尋ねると、そんな常識外れの質問を、とあきれた顔をされます。生徒は、学校の授業についてくるのが当たり前と考えているのでしょうか。しかし、どの教室を見ても、落ちこぼれの生徒がそれなりの数いるのですが……。

　教師の授業の仕方が批判されることを、学校側は極端にいやがります。生徒の不成績の責任を教師に転嫁されたら、たいへんです。タテマエとして、授業は資格が認められた教師が行っているので、授業自体には欠陥がない、生徒の成績が悪いのは生徒自身の問題から派生しているのだとされます。だから、授業についてこれないのは、生徒側が猛反省すべきことで、教師が行う授業は、粛々と進められることに決まっている、とは学校側の基本的見解なのでしょう。授業の進行を邪魔する要因は、あってはならないという認識です。テストの成績が極端に悪い生徒は、授業遂行の敵です。学習をするように勧めても成果が上がらない生徒は、別の教育空間に追い出すことにつながるのです。

　親に教室内の付き添いを要求することは、授業についていかれないダウン症児の現実を親につきつけること、また付き添うために親が負担する時間への心配で、親に逃げ腰の心理を醸成することの二重の意味から、有効な手段と考えられる向きがあるようです。さらには、親がぽつんと教室内に付き添っている違和感が、同級生にも

影響を与え迷惑をかけるのだ、という教師もいます。結論として、ダウン症の生徒が普通児学級にいることで、授業が成り立たない、学校側としても迷惑、という主張につながります。

このようなエピソードを毎度のように、外来で、母親から聞かされていると、だんだんと腹が立つよりも、あきれはてた気持ちのほうが勝るようになりました。あまりにも、あの学校、この学校で、ワンパターンの対応がなされているからです。

ついには学校側は、極端な言い方で追い出しにかかります。「お宅の子どもがいるために、授業がめちゃくちゃだ。早く支援学級なり、よそに出て行ってください」。ここまで言われたら、親だって反論しないといけません。授業がめちゃくちゃですと言うなら、まず現場検証です。めちゃくちゃの状態をしっかりと見ましょう。台風一過のような惨状が起こっていて、その真ん中にダウン症児が鼻息荒く、立ちはだかっていたのなら、親も素直に子どもを引き取りましょう。そんな場面はありえません。低学年なら、せいぜい授業中に隣の席の子にちょっかいを出したり、ふらふらと立ち上がって、窓から校庭を眺めたりする程度です。教師がそんな逸脱行動を気にしなければ、授業を継続することは容易です。時にはダウン症児にかぎらず、いわゆる普通児も同様な動きをしますが、普通の児の場合はおとがめなし。ダウン症児の行動だけが非難されるのは、偏見にもとづく立派な差別です。

◆プール教室の付き添い

親が付き添いを求められるケースでは、特に多いのがプール授業です。ダウン症の生徒について学校側は、まず着替えができないでしょ、指示を守らないでしょ、ふだんから多動だとおぼれている姿

を見逃すでしょ、と畳みかけてきます。親は妙に納得させられて付き添いますが、プールサイドにいるのは、その母親ひとりだけです。他の同級生の母親の姿はありません。そのうち、健常児で指示を守らない子、多動な子、着替えが異常に長くかかる子が見えてきます。なぜ、ダウン症児の親だけが付き添いを要求されるのか、疑問に思われてきます。どうしてうちの子だけ付き添いが必要と判断されたのですか？　と尋ねると、「それは安全を第一に考えた結果です」と、当たり前のことを訊くな、とばかりの言う口ぶりです。

　ダウン症だから、水泳の授業でおぼれかねないという固定概念があるのでしょうか。普通児だったら、同じ条件でも、その母親に付き添いをするように要請をしないのは、根底から差別意識に基づいています。授業と同じく、まず最初の水泳教室で、他の生徒よりも格段に危険な状況に陥ったという現体験を見出してから、そこで論拠ある提案として、母親の付き添いを求めるなら、十分理性的な話し合いができて、適切な行動をとれることでしょう。何事も、やる前から、必ず失敗して危険になるはずなんだから、事前に準備しましょうと提案することは、偏見の色濃い間違った対応策だと言わずにいられません。

◆ダウン症の診療所なら貸さない

　最後は、私自身がダウン症への偏見と差別の洗礼を受けるとは思ってもいなかった、まさかの話です。

　都内のY町でクリニック開業のため、いくつかの不動産紹介物件を見て回り、ここというのを見つけました。とんとん拍子に、貸し主と契約を結ぶ寸前まで行きました。「ところで、クリニックというと、何が専門なのですか」と初めて質問され、「ダウン症児の

療育です」と張り切って答えたら、貸し主の顔色が変わりました。翌日、貸し主が契約を結ばないと通知してきたことを、不動産屋から知らされました。ダウン症児ということに嫌悪を抱いたのだろうと不動産屋に説明されました。この時ばかりは本当にびっくりでした。

第6章　成人のイメージ

◆成人したわが子を想像して

　幼いダウン症児を育てる親の気持ちに、その子が成人となって、家族と暮らしている姿を想像するまでの余裕は、一般にないようです。しかし、療育に務める中で、息子や娘が成人した姿を思い浮かべることは、楽しさ半分、心配半分ですが、とても大切なことです。思い描いた育児が、どれほど現実に実現できているかを考えないのは、本来ありえないことです。行き当たりばったりに人生を生きていこうとする人は、少数派ではないでしょうか。

　ダウン症の赤ちゃんを抱いた両親でも、まずは未来志向の計画を立てようとするでしょう。そして、何年か経過するうちに、期待はずれに直面し、療育の意欲が減退し、よくてもただ漫然と療育機関に通い続けるか、きっぱりと療育と関係を断絶してしまうというようなことが起こります。幼い頃に、地域の親の会グループに熱心に顔を出し、一喜一憂をしていたのが、だんだんと足が遠のくのも少なくありません。小学校に通いはじめる年齢で、こうした現象が多発しているようで、目標を途中で放棄したようにも見えます。現実は、いろいろな意味で、厳しい。

　そうした親御さんの気持ちを再度立ち直らせるために、未来の話をします。まずは、成人の年齢に達したダウン症のわが子を想像しましょう。そのとき子どもが、知能発達の障害が重いことが明らか

に見てとれる姿、表情、仕草をしていたら、隣に付き添っている両親は、どんなイメージで見られるか。反対に、引き締まった身体と姿勢、豊かに変化する顔の表情、言葉の受け答えがきびきびとして、仕草がその場にかなっているとしたら、同じく両親はどう見られるか。世間からどう見られるかを想像することが必要です。

成人したわが子が、社会の眼から見て賞賛されるか、軽蔑されるか……、実際にはその時点にならないとわからないでしょうが、明白なことは、子の評価は、しばしば親への評価につながる、ということです。そのことをよくわきまえている両親であれば、例えば、小学校入学進路の決定にあたって、教育委員会の決定に丸投げをしないでしょう。養護学校高等部を卒業して職場を決めるとして、指導教師の言いなりになることはしないでしょう。少しでも、プライドを感じられる未来に向かって、今を生きてほしいと願うのではないでしょうか。

わが子が不幸な環境に陥ったことを親が知ると、同じく親の気持ちも不幸を感じます。教育や療育を通じてそ子に関係をもってきた教師や医者が、将来の結果について、親のように不幸を感じることはありません。育てた責任は、一方的に親御さんの肩にかかってきます。親が子どもの進路を決めようとするときに、執拗に介入してくる教育委員会とか医者がいたら、**無責任**なことは言わんといて、と返すのが正しい。彼らに、親御さんの代理はできないのです。

◆あかるい未来像につながる告知

ダウン症の告知は、多くは乳児期になされます。その時から、多くの親は、目前のすぐに解決しなければならない課題に追いまくられてしまいます。同情の余地があるにしても、並行して、幼児期で

あろうとも、学童期であろとも、成人になったときのイメージを、思い浮かべるように努力をすることは、育て方に一つの統一性をもたらし、明日だけではなく、来年、数年先、10年先のことまで含めて考えることにつながります。きわめて重要な意味があります。

　分かりやすい事例をあげましょう。

　ある時、知人の医者から依頼を受けて、地方の小都会にでかけました。理由は、こうです。田舎ですが、代々の医者の名家として、地元の病院を継承した御曹司に、初めての赤ちゃんが誕生しました。即座にダウン症と診断され、父親は、田舎の空気を思って、母親に、屋根裏部屋で、こっそりと育児をするように命じました。周りの人に気づかれないように万全の注意をはらってきました。ダウン症児の寿命は5歳程度だろう、と勝手に推定して、母親の負担はちょっとガマンをしてもらえば、なくなるはずだと説得したそうです。しかし、その目論見は外れ、その子は6歳になりました。小学校1年生になれば、外に出さないわけにいきません。

　私が求められたのは、これからの予定についてのアドバイスでした。地元の学校には行かせられません。県境、海峡を越えた大都会にマンションを購入してそこに母子2人を住まわせ、地元にばれずに学校に通わせる、という計画を立てたのです。そうした教育環境で、この子は何歳まで生きるのか、言葉がでてくるのだろうか、他の子どもと遊べるのか、と新規の育児計画について、さまざまな質問が私に浴びせられました。

　聞けば聞くほど、最初の一歩から、間違った道を選んだものだと思いましたが、いまさら言っても仕方ありません。名案などありません。唯々あきれて、頭を振るだけしか返事のしようがなかったのですが、ここには療育が全く存在していない。これまで母親がただ

一人だけ、ダウン症の幼い子どもの相手をしてきましたが、おもちゃで赤ちゃんをあやしたことなど、数えるほどしかないそうです。歌とか言葉遊びとかは全く与えていないことから、そもそも学校に入っても、教育をうけられるかどうかもあやしい。

　このように、将来のイメージをとてつもなく低い水準で設定すると、育児全体の流れと帰結も、低くなるしかないのです。そして、こういうイメージを抱くことを防止できないようでは、ダウン症の告知は役に立っていないと言えます。良いイメージが広まるには、医者が空理空論を展開するのではなく、具体的な実例に基づいて、理解を深めてゆかねばなりません。誰もが認める立派に成人したダウン症の青年が、ダウン症の赤ちゃんを育てなければならない若い親の前に、颯爽と現れるシステムが生まれるなら、どれほど良いことか……。

　最近になって、その実例が、私の前にもようやく出現してくれました。普通の児と同じように小学校、中学校、高等学校、大学に通い卒業したダウン症の成人がいます。その人が、どのような教育を受けてきたかをつぶさに見ることができました。親御さんは、いつも子どもに寄り添って、新たな学習をするたびに理解度が進むと、一緒にそれを喜ぶ態度を続けておられました。そこには、スパルタ教育のかけらもありません。何かの専門的な腕をつけるために、修行をさせて、時には泣いていたというようなスパルタ式の苦労話とは無縁な教育によって、成果をみたのでした。

◆親に握られたダウン症児の人生

　ダウン症児の教育をはきちがえると、とんでもない人格を子どもに与えることになります。

1984年の暮れに、悲しみのニュースが入ってきました。アメリカのミシシッピ州に、周りの人たちからとても崇拝されていた青年がいました。母子家族で、母親は息子がダウン症の告知を受けて以来、わが子の教育に熱心に取り組み、そのおかげで息子は立派に成長しました。コンビニ店員となり、小さな町で、その働き振りが話題にもなるほどでした。しかし、ある時、母親は進行した乳がんと診断され、治療の甲斐もなく亡くなりました。その時から、ダウン症の青年はまったく無気力になり、食事を一切とらなくなりました。周りの人たちは急遽、この青年を入院させましたが、4カ月後、死亡しました。餓死と診断されたそうです。アメリカに滞在中に、同僚スタッフからこの話を聴きました。一人ひとりの人格の独立性を尊重する教育が追及されている中で、こうした悲劇が起こったことに対して、話をしてくれた人の言葉に、ある種の怒りの思いを感じました。

　私がダウン症に関する解説書を出版してすぐに、大阪の母親と名乗る人から、読後の感想を手紙でもらったことがあります。「本には、ダウン症の子どもを、きちんと教育すれば、家族ぐるみで幸福を味わえると書いているが、私は、そうは思いません。私は高齢となり、ダウン症の娘も年齢が増し、私はいつか死ぬ時を迎えますが、その寸前に、まず娘が死んで、それから、自分が死ぬのが理想的だと考えています」と、過激な内容の手紙でした。確かに、親が抱いている子どもの人生への責任感が読み取れましたが、他方で、たとえ自分の子どもであろうとも、自分と同等な別の人格的存在であり、意図的に寿命を操作することは、すなわち、殺人行為に等しいと考えました。若い夫婦が、初めて赤ちゃんを授かり、育児をする中で、この小さな生命が、泣きわめいたり、暴れたり、拒絶した

りしても、かっとなって、首を絞めようと考えたら、それは、小さな殺意とは呼ばれないことを承知しておくべきです。殺意とか殺人において、小さいとか大きいとかの差異はありません。全面的な人格否定なのです。子どもは、親の持ち物ではありません。

アメリカの、親が亡くなり、その後を追ったダウン症青年の人生も、知らずに母親の所有物化されていたのでしょうか。日本には、成人式という特別な公式行事があります。成人した青年に、自分は成人したのだという自覚を促す点で、良い仕組みだと思われますが、成人した子どもを育て上げた親の意識にも、一定の教育効果を発揮するものと考えられます。つまり、これまで子ども扱いしてきた関係から、同じ成人同士のつきあいが始まる対等な関係に変わるということです。

この考えに沿えば、ダウン症の成人にとっても、つねに成人扱いされる生活を暮らすことが、大きな意味を持つことがわかります。日本語のニュアンスで言うと、親と子どもという対比ではなく、先輩と後輩という関係が近似した表現になるでしょう。人生の先輩が親であり、成人したばかりの子どもが後輩です。先輩と後輩の関係ならば、性の悩みも相談できます。自立した生活の夢を語ることもできます。人生の岐路で、どの選択肢を選ぶかも相談できます。上からの指示ではなく、同等な目線で語り合えるのが、大人のつきあいなのです。

◆母の指示があれば優等生

ある時、ダウン症の若い青年に来てもらい、その青年が職場で働くノウハウを探ることで、成人後の療育指導の課題がみつかるのではないか、ということが頭に浮かびました。すぐさま、最初の候補

者（養護学校高等部卒業まぎわの女子）が外来に受診したので、クリニックで働いてみないかと、母親に交渉しました。母親も快諾でした。私のクリニックでは土日にダウン症児と家族が集中してくるので、その中で、カルテ整理、郵便投函などをやれる範囲内でやってもらう計画でした。指示を出して、仕事としてやってもらう、という簡単な作業から、ダウン症に独特な雇用側の承知しておくべき事情をくみだそうというものです。世間的には、雇う人を事前に面接し、複数候補から選抜するのが常識だったかもしれません。しかし、今回の決断は、偶然最初に出あったダウン症女子にきめました。そして、その結果、思いもよらない体験をすることとなりました。

その女性は18歳ですが、私の診療所には、最近になって診察を受けるようになった人でした。長らく定期観察をしていると、誕生して以来の成育の経過についての情報が、ある程度蓄積していますが、この人については、ほとんど白紙の状態でした。どんな性癖があるのか、手探り状態でした。

彼女に働きはじめてもらうと、まず朝、診療所にきても、あいさつをしません。簡単な指示内容を与えると、無言でうなずき、応答はするが行動には移さない。受付の椅子を与えると、そこに一日座って鼻歌を歌っている。自由時間が有り余るほどあるので、どうするかと見ていたら、大学ノートを取り出して、何やら、歌のことを書いている。歌詞でした。几帳面な文字を書いています。

こちらからの期待する仕事内容として、まず、コピー機で印刷して排出された書類を外来にもってくることと、手紙をポストに投函してくることを、目標としました。すると、最初のうちは、コピー機から出たプリントを外来の机にもってきましたが、やがてそれを放り投げるようになりました。手紙を投函するように頼んで、果た

してうまくポストまでたどりつけるかと、距離を置いて追跡しました。なんと、依頼した封書は、途中で放り投げられ、道に点々と散らばっていました。

　外来で、他の親御さんと療育の話をしていると、割り込んできて、大きなジェスチャーで、自分を見てというアピールをします。無視すると、とんでもないことが起こりました。診察室の入り口をふさぐようにして床に寝そべり、死んだふりを3分、5分と続けました。受診に来た親子がびっくりしています。それも無視すると、今度はA4大の用紙に、何やら立派な漢字交じりの文章を書いて、外来の扉にセロテープで張り出しました。「先生は医者なのに、死んだ人のことを無視して、ひどい」という主旨の非難声明文でした。当人の知的能力がいかに高いかがわかります。

　そんなこんなの騒動の中、母親から電話がかかってきました。「うちの娘はどうしていますか。きちんと指示すれば、たいていのことは問題なくやれますよ」と自信たっぷりな言い方でした。ちょっとだけ、困ったことの一部を話したところ、電話口に娘を出すようにと言われました。娘はふん、ふんとしばらくうなづいていました。電話を置いてから、彼女はトイレに行きました。雑巾で、便器の周りをピカピカに磨いたのでした。「こまったことがあったら、私に伝えてください。私が命令すれば、たいていのことはできますから」という母親の言葉を思い出しました。

　その頃、某大学院から研修に通ってきていたナースがいたので、今後の対策を彼女と相談しました。おくればせではあるけど、このダウン症青年の自立した精神を、基礎から少しづつ築き上げていこうということになりました。そして、何度も挫折しかけながらも、徐々にダウン症の女性と、コミュニケーションがとれはじめまし

た。褒めると素直に喜びの表情を浮かべます。仕事を命じたら、命じた人がそばに寄り添って、最後まで遂行するのを見守り、できた時に盛大に拍手をしてあげる。こうしたことを重ねて、少しだけ、自分で考え、判断し、行動をして、その成果を周りの人に見せるようすが見えるようになってきました。

　と、その時、再び、母親から電話がありました。「先生、うちの娘のようすが最近おかしくありませんか」と尋ねられました。「え、それはまたなぜです？」と言うと、母親は、「今まで素直な良い子だったのですが、つい先日、私に口答えをしたので、それはもうびっくりしました。そんなことをするような子ではなかったはずなのに」と言いました。

　その電話から、娘が精神的に変化してきて、自立した思考と判断する能力を発揮したことがわかりましたが、それは母親にとって、あってはならない事態と受け止められたようでした。母親の前では徹底して良い子の行動をする。しかし母親が不在だと、自分勝手な幼稚な心のままに行動する。そして、親はそれを知らない。母親からすれば、理想的な教育の成果を挙げたのでしょう。ですが、親がいない状態での行動は、よそから知らされない限りは、知ることはなかったでしょう。

第7章 誤解される退行

　1985年から、私は国立の小児疾患の研究センターに在職していました。隣接する病院の外来で、小さな診察室を使わせてもらい、ダウン症児のささやかな療育相談を実施していました。どういう経緯で立案したのかは記憶にないのですが、ダウン症の青少年の一部に生起するとされた「退行」の現象を真剣に調べようと考えて、一泊の宿泊実験を立案しました。

◆退行青年の合宿
　そもそも「退行」そのものに遭遇した体験が少ないため、広く親たちの連絡網に依頼して、募集しました。総勢で5家族集まりました。地元の公的施設の部屋を予約確保して1泊する中で、「退行」がどれほど身体内部の神経系の損傷と密接な関連があるのかを探ろう、というのがとりあえずの目的でした。

　幸いなことに、大学生ボランテイア組織の協力が得られました。そこで、これらの大学生に次のような指令を出しました。ダウン症の青年と一緒の貴重な共有体験をする時間の中で、大学生のほうから世話をやいたり、指示をするような関わり方をしないこと。でも、万に一つでも、ダウン症者の側から要求があったら、できるだけ素直に応じてあげること。ただし、「退行」があるために、言葉でのやり取りは全く不可能なはずなので、そのような可能性は現実

に起こりえないだろう。とにかく黒子に徹して、彼らの安全な過ごし方を、そばにいて見守るようにお願いをしました。

　つぎに、退行がある青年たちを連れてきた母親たちに以下のようにルールを説明しました。施設内では、親子は別々に過ごす。つまり別室で一晩を過ごす。食事時間だけは一緒になっていい。トイレ、入浴の世話は大学生たちが担当する。母親は決められた部屋に集合して過ごす。そう申し渡しました。

　その後ほどなくして、まったく予想もつかない出来事が連続しました。

　まず、別々に分かれた親子が部屋でくつろいでいました。大学生には、何か大事が起こったらすぐに伝令を送るように頼みました。私は、合宿についての簡単な説明を母親たちにしていました。一人の学生が部屋に飛び込んできました。

「先生、みんな友だちみたいになって、何かはわかりませんが、喋りあっています」

　そこにいた母親たちは一同、「えっ？　うちの子じゃないわね、それは」「うちの子はもう３年以上喋ったことがないの」「うちもよ」「じゃあ、だれが喋っているのかしら」と口々に母親が言います。私は、学生に「もっと具体的にどんな話をしているのか聞いてみてください。その子の名前は何というかも。学生の担当者に頼んだ際に、ひとりひとりの名前を教えたはずなので、できれば名前も報告してください」と指示して、とりあえず、母親の気持ちを落ち着かせることに集中しました。学生は急いで元いた部屋にもどっていきました。

　母親たちは、「退行」が起こってから、まともな生活ができなくなり、意味ある言葉の発声は皆無であることを、かわるがわる訴え

ていました。「まあまあ、お母さん方には、こたつにでも入ってリラックスしてください」と私が声を掛けて、ようやく静かな時間になりました。ところが、それも長続きしませんでした。学生がまた飛び込んできたのです。

「先生、わかりました。どの子か名前を言えますが、今までに確認したところ、ほとんど全員が聞きづらい発音でおたがいに喋りあっています」

母親たちはびっくりして、「うちの子はちがうわ」と自信たっぷりに言います。私者は学生に尋ねました。「どんなことを言っているか、少しは聞き取れたかい？」。

学生は、「は、はい」と息を吸い込んで、「はっきりとは聞きとれない部分があるのですが、僕の母ちゃんはすごい怖いんだよ、とか、うちのママのほうがもっと怖いぞーと、言い合っているようでした」

母親たちは騒然となり、次々と立ち上がって、「そんなはずはない！」と言いながら部屋を飛び出しました。合宿ルールは最初から守られないこととなってしまいました。私は母親の後を追って、廊下を小走りで、ダウン症青年がいる部屋に向かいました。現場に行くと、ただならぬ気配につつまれていました。そこには、子どもをにらむように見ている母親たちと、うつろな視線を宙に浮かべた無表情なダウン症青年たちの立像がありました。緊張した空気の中で、大学生たちも口をつぐんで下を向いていました。

学生の一人に私は小声で尋ねました。「親たちが来たら、子どもたちのようすは変化したの？」学生は、「はい、母親が部屋に入った瞬間に、それまで喋りあっていたのが、まるで嘘みたいに黙り込んでしまいました」と、私にだけ聞こえるように話しました。私は

即座に、これは心理学の問題だと思いました。

　納得しない母親は、その状態で、なだめられつつ部屋に戻り、私から普段の生活内容についてさらなる質問がなされ、背景分析の資料作成に協力することとなりました。自分の子どもたちが、母親の悪口で会話がはずんでいたとはまったく予期していなかったため、かえって、そのことに異議をとなえる母親がいなかったのは幸いでした。

　翌朝、食事後に、私から母親たちに提案がなされました。施設のつい目の先にコンビニ店があるので、彼らに学生と一緒に買い物体験をさせたいと。母親たちは、「外出はやったことがない」「私が付き添わないと無理」「買い物なんか理解できていないので、無駄」と、さまざまに申し立てましたが、若干の小遣いをもたせて、学生が手をつないで誘ってみたら、ちゃんと外出ができました。小さな物ばかりの買い物をした後、施設に帰ってくる姿を見ると、一人一人が笑顔を浮かべ、単語が主体ですが、おたがいに会話を交わしていました。この集団が、母親たちの目前をそのまま通り過ぎていったのを、彼女たちが唖然とした顔で見ていたのは、言うまでもありません。昼を過ぎて定刻となり、合宿は終了です。全員記念写真を撮って散会となりました。きわめて貴重な体験ができたことは、間違いありません。

　この顛末については、当時の親の会の会報に投稿して、記事掲載されましたが、それを読んだはずの親たちからの反応はまったくありませんでした。その時のボランテイアの学生たちとは、その後も交流が続き、時々、おたがいに思い起こしては、人間の心理の複雑さ、面白さを語り合いました。

◆退行という現象を知る

　各地にある親の会組織で断片的に調査した結果を見ると、ダウン症の思春期以降の人たちのおよそ5%前後が家庭に閉じこもり、低下した知的活動水準にあるとされます。30歳以降となるとその比率は増加していると考えられています。

　子どもが幼い年齢のころには、ダウン症の診断を受けてわが子の将来に影が差したように思った親たちの多くは、熱心に教育にとりかかります。多くの場合、順調に育ち、発達をするので、いつしか親も一定程度の安心感を抱きます。ところが、思春期に入ってから、突如として発達の水準がみるみる低下してくる青年たちが現れます。親たちの間では、その現象を「退行」と呼んで、恐れられています。

　恐れる理由があります。脳の疾患は見つかりませんが、ことばが失われてコミュニケーションがとれなくなるからです。笑顔もありません。これまで学んで貯めた知識も失っています。何が楽しいのか、周囲の大人にはわからない状態がいつまでも続きます。精神科で投薬を受けても、いっこうに改善されません。場合によっては、さらに悪化します。身体をまったく動かさないで、一日中寝ているようになったりもします。夜昼の区別がなくなり、夜中に家中を徘徊したり、窓を開け放ったりします。医学的に原因が不明という状態が長らく続きます。

　私もかつてこのケースに出会ったことがあります。何の手立ても効果をもたらすことがなく、だらだらと半年ごとの診察が続きました。いつしか受診もなくなりました。十年して、町でその女性と母親が連れ立って歩いているのに、出くわしました。おたがいにびっくりしてあいさつをかわし、当人を見ると、かすかに笑顔を浮かべ

ていました。母親に、無力な医者の対応をわびた後に、ここまで改善したのには何か理由があるのかと尋ねてみました。すると、母親は、思いもしない言葉を口にしました。

「あの頃までは、娘の状態をどうにかして良くしようという強い気持ちで接していましたが、時間の経過とともに、もうよくなる見込みないのだろうとあきらめる心境になりました。そのかわりに、娘のことはこのままでもよいというふうに考え、接し方を改めてみたのですよ。それから少しづつ状態が上向いてきたように感じています。だから今は、娘には何のプレッシャーもかけないように心がけているので、私も平和です」と。それを聴いている娘さんがにっこりしました。

おたがいにやりたいことがあれば、自由にするというルールで生活していたら、だんだんと日常生活の仕草も一つずつ回復してきたというのです。短期間、投薬もうけましたが、効果がなかったので、やめてしまったとのことでした。回復したと言っても、まったく以前の状態に戻ったわけではないというのでした。声も小さく、視線も長くは合いませんでした。治癒にかかる時間は、年単位であるとしか思えませんでした。

それでも、笑顔が回復していました。それもタイミングのいい笑顔なので、コミュニケーションをしている時の言葉代わりのように感じられました。人間性がそこにあるという感覚を覚えました。立派な社会復帰です。

◆ 箒(ほうき)が怖い

それからほどなくして、養護学校高等部１年生の変わった行動の相談をもちかけられました。家でも学校でも突然動きが停止するの

です。固まるのです。その原因は、なんと、箒にあるというのです。家で、試しに箒を眼前に示してみたところ、たちまち固まったそうです。箒を見えないようにすると、5分以内に身体の動きが柔らかくなり、脱出できるとのこと。

　そこで、親と本人に根ほり葉ほり質問をしました。いつ頃から始まったのか。学校の廊下を歩いていて固まったときに見た箒は、いつも同じものなのかと訊くと、それはちがった形の箒でも固まるそうでした。親がひょいと興味あることを言いました。「この子が箒が怖いと言った時期がありました」。これは追究しないとなりません。私が「どうして箒が怖いと思ったの？」とその子に質問すると、

　「先生がお尻ぶつ」と不器用に喋りました。

　母親の顔を見ると、何かに気づいたように、うなづいています。

　「先生、この子の言うことに思い当たることがあります。学校では毎朝、授業の前に校庭を何周か走ることに決まっていて、この子はいつもびりっけつで、学校の先生から、はっぱを入れられていると聞かされました。校庭を掃く竹の箒でお尻を叩かれると」。

　これで原因が明らかになりました。よっぽど怖い思いをしていたんだね、と同情の言葉をかけてあげました。教師には、親御さんが、箒で叩くのはやめてくれと、申し入れたとのことで、ひとまず安心しました。次の受診では、固まる現象がみごとに消えていました。

◆ぺっぺと唾吐きの小学6年生

　次に相談された退行の子どもは、障害児学級在籍の6年生男児で、いつもところかまわずに、唾を吐きまくります。練馬区の小学

校の障害児学級に通っていることから母親が説明を始めたのですが、その結果、とんでもないことを知る羽目に陥りました。

　入学直後から、その授業はスタートしたようです。学校の教師は、信念を持って保護者を説き伏せたと言います。もともと知能の発達に遅れがあるとわかっている生徒たちに、一般的な知的学習をさせても実になるはずはないのだから、それはあきらめてもらう。授業はすべて体育と作業で成り立たせる。文字など、中途半端に読めても、世の中に出て何の意味ももたないから、読めないでよい。教師から、石段をうさぎ跳びで10往復と命令されたら、それができるような体力をつけよう。指示を守れない生徒は、教師が持つ竹刀でしばく。廃品回収で集めた牛乳パックは、水で溶かしてから漉いて、紙を製造する。その作業がうまくできるようになるのが、授業の最大の目的となる。めざすは就職だ。体操と作業だけの授業をさぼることは、すなわち就職の機会を自ら放棄するのと同じであり、決して許されることではない。教師は堂々とそう述べたそうです。

　唾を吐く行為が特に増えた時期について母親に尋ねると、6年生の夏季合宿の後からだと言うので、その夏季合宿のことを質問しました。

　それによれば、毎年、1週間くらい家を借りて郊外合宿があり、この合宿で徹底して体力作りに励むそうです。休むなどは論外で、休みたいと言い出せば、「じゃあ、親は子どもの就職のチャンスがなくなってもいいんだね」と言われるとか。そして「今回の夏季合宿では大変な失敗をしてしまいました。母親として猛反省しているんです」と言うので、すこし詳しく話をしてくださいと言って聞かされた話は、まず合宿前日に、子どもが発熱していることに気づい

た。近所の小児科医からは、用心して外出しないほうがいい、とアドバイスされ投薬をしてもらいました。学校に連絡すると、何時ものように「就職できなくなってもいいんですね」と叱られたため、翌日、合宿に参加することとしました。母親も付き添ってくるように言われていたので、少しは安心していたそうです。

合宿の場所に到着したら、雨が降ってきましたが、山地なのでとても冷たい雨で、生徒たちは庭に全身ずぶぬれで立ち続けていました。母親が心配になって子どもの額を触ると、とても熱く40度近いようす。すぐに担任教師に、高熱なので合宿を退出したいと嘆願すると、教師は、生徒と父兄が集まっている前で、大声で言いました。「みなさん、ここに合宿の意義を理解していない親がいます。○○君の親です。気持ちがたるんでいるので子どもは合宿にきて高熱をだしています。こんなことでは、大切な子どもの未来を手にすることはできませんね」と面罵したそうです。母親は、悲しいやら情けないやら、怒りを覚えましたが、結局、合宿を脱走することはかなわず、帰宅して医者の診察を受けたところ肺炎と診断された、という話しでした。

子どもの死につながりかねない教師の態度に、私は憤りを覚えました。「お母さん、もうこんな学校に子どもを行かせるのは、やめにしませんか」と私が言うと、「ええ、私も今回の経験で、もうこれ以上付き合えないと思い、今は行っていません」とのこと。子どもが唾を吐く行動は、外来に初めて来た時に、待合室の床にもひっきりなしに続けていたのですが、私が母親から聞き取りをしている時にはその唾吐きは行為はなくなって、大人の2人が話しをしている所に時折頭をつっこんできて、うなづくサインを示していました。帰る時には唾を吐きませんでした。

その後、別の人から、この理不尽な教育方針をしている教師団のやり方が『練馬方式』と呼ばれていることを知りました。さらに、当時の都知事がこの『練馬方式』を激賞していると聞いて、障害者を見下した政治家が魅了されるような教育理論が横行しているのか、と慨嘆させられました。

◆45歳の男性としばしの会話

ある朝、電話が鳴りました。近県のとある施設の所長と名乗る男性が切り出しました。

「初めての電話で失礼します。ダウン症専門クリニックと知って、ひとつ相談したいことがありまして」

「はい、どうぞ、お話ください」

「実は、長い間うちの施設で働いているダウン症の男性で45歳になりますが、最近、とみにようすがかわってしまいまして」

「どんな変化ですか」

「半年前から、夜昼逆転して、言葉がでなくなり、うちの施設にも来れないで家に閉じこもっています。親は彼を連れて医者通いをしたのですが、結局あきらめて、今はなにもしていないとのことです。何かし忘れたことがあればと考えて、電話をしました」

と言うので、即座に答えました。

「たぶん、退行と呼ばれている状況だと思います。所長さんから親御さんを説得して、できるだけ早く当方の診療所に連れてくるようにしてください。連れてきてもらって初めてやれることがわかると思います。騙されたと思って連れてきてください」

と強い口調で言いました。半日して、親から電話がありました。

「今さら、何か治療があるのでしょうかねえ？」

と冒頭から怪しむ気配の言い方でしたので、

「いやいや、まずはぜひともおいでください」

とくりかえし、下手にでて親の気持ちを誘うようにしました。早いほうがいいと言うと、では、明日来院しますと返答がありました。

翌日、診察室で待っていると、突然、両親が待合室に姿を現しました。両親の表情はさえないようすで、わざわざ来てやったのだという気分なのか、と思わせるような仏頂面でした。

「階下の駐車場に自動車を入れましたが、息子はどうしても座席から離れようとしないので、どうしたものでしょうか」

「アッ、そうですか。ならば、こちらから駐車場にでかけましょう」

と、私は立ち上がって歩き出しました。訊けば2時間近い時間をかけて到着したので、疲れたとのこと。駐車場にはライトバンが停まっていて、45歳の息子さんは、助手席にすわってみじろぎひとつしません。私は閉まっている窓ガラスをトントンと叩き、初見えの挨拶代わりにうなづいて見せました。

「こんにちは、はるばる来たので疲れたでしょう。どう、窓を開いてお話をしない？」

と声を掛けたら、黙ってそっぽを向いてしまいました。この状況でカウンセリングをするしかないと覚悟して、両親に向いて、

「今から私がやることをよく見ていてください。きっと参考になりますから」

と言って、両親には数メートル離れてもらいました。それから、当人に向かって語り掛けを始めました。ガラス窓越しです。名前とかの自己紹介をし、さらに少しだけしか知らない当人の情報から、名前は何々で、年は何歳でとか、話を投げかけました。

普通の会話を心掛けて、声を大にしたり荒げることはしません。7分くらい経つと、男性の態度が変わってきました。甘いものが好き？ と訊くと、手を横に振って返答しました。では辛党なの？ と訊くと、それにも首を振って、ちがうというジェスチャーをしました。好きな食べ物は何かなと尋ねると、こちらの目をちらっと見ました。ラーメンは好き？ と聞いたら、ちょっとうなづきました。さらに、カレーが好きなのかな？ と尋ねたら、大きくかぶりをして、そうだという信号を送ってきました。

　10分ほどこうしたやり取りをした後、普通の人間的なやり取りの習慣が回復したものと解釈して、両親に向かって言いました。

「お父さん、お母さん、ご苦労さんでした。もう帰っていいですよ。事故を起こさないように気をつけて運転してください」

　両親は不得要領の表情を浮かべたまま、質問もせずに自動車に乗り込み、帰っていきました。そういえば診察料金を受けとっていないことに気づきましたが、10分くらいの仕事などで請求は無理か、と思いあきらめました。

　翌朝、何とあの施設の所長から電話がかかってきました。興奮した口調で、

「先生ありがとう。あの男性は、朝、自分で起床して、服を着て、カバンを持って家を出て、仕事場に一人できて、入室するなり、『みなさん、おはようございます』と元気な声であいさつしたので、私もスタッフの皆も、すごくびっくりしました」

　私のほうは、しごく冷静な声で、「それはよかったですね」とだけ言って、電話を切りました。

　ところで、肝心の両親からはその後音沙汰なしで、息子のようすを報告することもなく、今後の接し方について助言を求めることも

ありませんでした。半年以上も経った頃、またあの所長さんから電話がありました。あの男性はずっと普通に過ごしていたのですが、つい最近また症状が再発したということでした。よく観察しておいてくださいと両親に言っておいた、駐車場でのカウンセリングの、最も肝心な部分を、見ていながら全く理解していなかったのか、とはなはだ残念な思いでした。隅に小さい文字で、この両親では治るものも治らない、とメモをし、カルテを閉じました。

◆多幸感（Euphoria）に没入

2017年、神奈川新聞に「多くのダウン症の人が幸福と自覚」という記事が載りました。

新聞記事は文章の羅列から成り立っていますが、文章とは、作文するにあたって言葉を選択するので、できあがった文章には潜在的に、筆者の意図とか、（場合によっては）イデオロギーが込められることとなります。新聞記事もその影響から免れることはなく、一定の読後感を残す仕組みとなっています。

件の記事は、ダウン症の成人200名にアンケート調査をした結果、自分は幸せと感じているが95％、親に愛してもらえていると感じているが94％と、きわめて高い率の満足度が表明されていたという内容でした。表面だけ読めば、読者の心をほっこりとさせる記事と受け止められるでしょう。しかし、ダウン症の相談と問題の解決に日々携わっている者からすると、この記事には、うさん臭さをかぎ取るしかないのです。幸せと回答した人たちに関してではありません。ひるがえって、不幸という回答をした人たちの心情については、いかなる理解をしているのか？　なぜこのような記事が新聞記事として成立する、と編集長が認めたのか？　といったことに

ついてです。

　新聞記事の特性として、「イヌが人を噛んだのでは記事にならないが、人がイヌをかめば記事になる」というのはよく知られていることです。この構図に当てはめると、今回のダウン症の記事が、偏見と差別に満ちた基本概念の上に書かれている構図が見てとれるのです。だれもが言わないけれど、批判されることもなく、同じ考え方を抱いているというのが偏見です。この記事の前提となる偏見は、ダウン症の人は不幸と感じて生きているにちがいないという思い込みです。ここから出発して、アンケート調査の結果、意外にも圧倒的多数のダウン症の人が幸せを感じていた、という着想点が記事の命運を決めています。もしも世間の皆が、ダウン症の人たちはほとんどが幸せに感じているに決まっていると思っているなら、今回の記事は編集長により没にされていたでしょう。根強いダウン症への偏見は、外見上は、幸せを報道するという、文句のつけようもない形をとりながら、読者（社会）の中に浸透していきます。

　本来、ジャーナリズム魂が反映した記事を書くことを目指すなら、少数派の幸せではないと回答した集団の中身、実態に迫る追跡取材につながらなければいけなかったはずです。「いじめ」「引きこもり」「退行」の現実が浮上してきた時点で、これは由々しき事態だと多くの人たちにわかったはずです。実際には、肝心の箇所を無視した記事です。

　新聞記者は社会の木鐸と呼ばれるそうです。よかったね、という記事が広まることで、反対の世界にいる人たちへの関心が薄れることにつながりかねないのです。障害者の人権に関心を持つ人たちは、もっと注意を払わなければなりません。社会の中でいかに障害者が生きにくいかを指摘することは、社会の成熟のために必要な行

為です。ジャーナリストが、自ら多幸感に浸ってしまわないよう、一層の自覚をうながしたいところです。

　多幸感は、万民が好むので、批判精神が発揮されにくいと同時に、周りの人たちもまきこむ吸引力があるのです。

第8章　性教育について

◆**性への偏見と差別**

　人格教育の主要な柱のひとつとして、性教育の在り方はきわめてその意味が重いと言えます。それなのに、一部の人たちを対象として、性欲、性衝動を抑圧することを目指すことが正しいとして、身体を傷つけることもいとわなかった権威ある人たちがいました。かつて優生思想のもとで、先天異常や精神疾患の人が子どもを産めないように、断種手術が盛んに行われました。日本でエイズ患者がつぎつぎと見つかったころに、国会議員の間で、どうやってエイズの感染が広がることを防ぐかが議論され、エイズの患者には性行為ができないようにするという案が、一時的にせよ、真剣に討論されたと聞いています。真剣だからこそ、とても怖い人が議員になっていると思ったものでした。さすがに、その後、極論がしりぞけられたと報道されて、議員の中にもまともな人がいると、多少認識を改めました。

　障害がある人の性行動について、しばしば当事者の思いと逆の方向で、権威ある政治家が暴走します。昔の話ですが、東京都の養護学校で行われていた性教育のやり方に、都知事がクレームをつけ、与党外の議員からも同感の表明がされ、教育を担当していた学校長と主任に懲戒処罰を与え、性教育の教科書と人形を没収し、山と積み上げて、火をつけるところを報道陣に公開させました。歴史上、

「焚書坑儒」の蛮行を平然としてやってのけた権力者として、秦の始皇帝とか、ナチスの総統アドルフ・ヒットラーが思い起こされます。精神構造の類似性を疑いたくなります。

同じ知事が、こう言い放ったことも報道で知りました。脳性マヒの身ながら車椅子で社会的活動をしている若い人たちの団体「青い芝の会」が、都知事と会談をした直後のことです。周りに記者がいるところで、知事は平然と、「あの人たちに人格はあるのかいな」と言ったとか。

カナダの国から、福祉行政に詳しい医者が来日して、面談をしたことがあります。彼はダウン症の人たちの生活についても詳しく、具体的な情報を豊富に持っていました。ダウン症の青年カップルで結婚した事例がありますかと尋ねたところ、あるという返事。「そのカップルから、ダウン症の赤ちゃんが生まれたんだよ」と言いました。理論的にありえます。では、どうやって夫婦は生活を送っているかと尋ねると、「ボランテイア団体が援助しているからね。育児、食事、家計の世話をやってくれている」と言う。では、何も問題がないのか、と尋ねたら、「問題は、赤ちゃんの世話がいかに大変かを、カップルが自覚していないことかな」と笑いました。支援が充分に与えられている国のエピソードです。豊かな福祉の精神を持った国だと思います。

◆年上の猥談から伝えられる

ここで、わが国のダウン症青年たちの性意識がどんなようすかに触れておきましょう。

K市で、ダウン症の親子合宿があり、私も誘われました。昼間の仕事を終えてから出かけたので、現地に到着したのは夕食後となり

ました。親御さんたちは、お茶を飲みながら楽しそうに会話を交わしていましたが、私はちょっと疲れていたので、短時間の休憩をとらせてもらいたいと申し出て、快く、別室に通されました。三段ベッドの部屋で、最上段のベッドに横になって、とろとろとまどろんでいました。

　そこへ突然、どやどやと7、8名のダウン症青年の男子集団が部屋に入ってきました。私が寝ている姿は死角となって、彼らの目から隠されています。彼らは床に車座になって話を始めましたが、いやでもその会話は耳にはいってきます。なんと、猥談をしているではありませんか。思わず、聞き耳を立ててしまいました。一人の青年が、どうやって男女は性行為をするのかと言葉で説明しています。声から察するに、いちばん年上の二十歳前の、顔見知りの青年です。そのうち話は他の話題になったので、そろそろいいかなというタイミングで、私は上の方から声をかけました。「うん、おおむね、まちがっていないよ」と。私としては激励するつもりで声をかけたのですが、男子たちはたちまち蜘蛛の子を散らすようにして、室から姿がみえなくなりました。

　その後、含み笑いをしながら、例の話をしていたリーダー格の青年の父親に、そのことをそっと伝えると、驚いた表情で私の顔を見つめました。あの子が、そんなー、という……。

◆性への関心と行動

　そうした経験から暫くして、ある時、私の住む町にある養護学校の近所にあるコンビニ店に立ち寄りました。買物をするふりをしながら、何気に若い男性店員に尋ねました。「近所に養護学校高等部があるけどが、そこの生徒が立ち寄ることがありますか」

「ええ、あります」

「ここの雑誌売り場で、週刊誌を見ている生徒がいますか」

「ええ、いつもいますよ」

「週刊誌のグラビア写真をみたり、ヌードを見たりしている生徒はわかりますか」

「ええ、見ていますね。近づくと、さっと週刊誌を戻して、逃げるように店から出ていっちゃいます。べつに被害もないので放っておきますけど」

学校から調査とか問い合わせがあったこともないそうです。彼らのこうした現実の行動パターンを、教師や父兄は把握しているのかなあ。

◆性教育用の教本を譲られて

アメリカで開催されたダウン症専門家会議に出席したとき、カナダから来た女性医師から、ダウン症者向けの性教育の教材をプレゼントされました。カナダダウン症協会編集のパンフ教材で、男子用と女子用にわかれています。彼女は、会議で私が発言した内容がとても印象的だったので、これを日本に持ち帰って利用してほしいと言うのです。とてもありがたい話しでした。帰国して、篤志家の翻訳と出版社の協力を得て、早速出版されました＊。政治家の弾圧により、学校での性教育は抑圧されていますが、民間の性教育まで力は及ばないのです。タイミングよく家庭で利用できる教材が出版できて、ラッキーでした。

以下の話しは、ダウン症ではなくターナー症候群という、やはり

─────────
＊カナダダウン症協会『ダウン症の思春期と性』同成社、2004年

染色体異常に起因する特異的な体質（身長が伸びない、卵巣が育たない女児）の女性についてです。

オーストラリアダウン症協会が発行している機関紙に、彼女の意見が掲載されました。「私は染色体異常を持つ身体で生まれました。卵巣機能ははたらいていません。周りの人たちは、私に性行動をするなと迫ります。でも、それを決めるのは私です。他人からとやかく言われたくないので、この機会にはっきりと意見を申し上げました」という記事で、私は読んで、圧倒されました。25年くらい前の出来事です。

性教育は無知な子どもたちに性交の仕方を教えている、と難詰する人たちがいますが、まったくの筋違いです。本来の性教育は、世の中にある性にまつわる適切な判断と行動をするように教えるものなのです。公衆トイレに男女の区別があることや、公然と性器を見せるとわいせつ罪になるという法律があることや、銭湯に女湯・男湯の区別があることなどを教えることも、大切な項目となります。自慰行為も閉鎖された自分だけの部屋でなら、許されることも教えます。言い直すと、他の人に目撃されるような自慰行為は、禁止条項に触れていることを意味します。性行動は、徹底してプライバシーと密接な関係がある行動となります。純粋なプライバシーには、法律が及ばないはずです。

◆どこまで行くのか性教育の精神

北欧を訪問して、先端的な障害児対策の現場を視察したことがあります。障害者向け性サービスは徹底していて、日本人はただ驚くばかりでした。自分で性交ができない人には、ベッドサイドで、カップルの性交が成就するように、ヘルパー役の人が付き添って、

必要なら小道具をつかってでも、援助すると聞きました。

　日本では、障害がある大人が性行為をして、無責任に妊娠し、分娩をし、世間に迷惑をかけるのが平気なのかという議論をしがちです。最も基本となる人権のことを考えていない議論です。障害者差別をしていることにも気づいていません。

第9章　情報の鎖国、日本

　ダウン症の療育に関して、アメリカは先進国と言ってよいでしょう。何と言っても社会的な取り組みの巧みさは、舌を巻きます。定期的にアメリカを中心に海外のダウン症事情を学んでいると、日本ではこの手の情報がほとんど入手できない状況に思い至ります。これは、まるで江戸時代の鎖国とそっくりな状態です。典型的な事例を選んで、解説してみましょう。

◆ **Yogo Gakko を知ってるかい？**
　私は、1984年2月からアラバマ州南アラバマ大学医学部臨床遺伝学科教室に職を得て働くこととなりました。大学の私の部屋にいると、隣の部屋から病理学の教授が顔を見せたので挨拶を交わしました。彼は、私が日本人と知るや、いきなり質問をしました。Do you know Yogo Gakko?（養護学校を知っているかい）
　驚いて、どうしてそんな言葉を知っているの？　と逆に質問を返すと、教授は、そんなの Extended Oxford Dictionary（拡大オックスフォード英語辞書）に載っているよ、とさらりと答えます。こちらは、むきになって、ではどんな意味か知っている？　と質問を重ねると、彼の返事は強烈でした。「アウシュビッツ思想の教育理念だろ」と短い一言でした。海外でそう思われているとは毛頭思わなかったし、日本国内でも批判を聞いたことはありませんでした。し

かしながら、一面を言い当てているから厄介だなあ、という思いを抱きました。養護学校を、世間から隔離した環境で障害児を集め、教育と称した訓練を施している学校（収容所）とみなすこともできないわけでもない。このような見方があることを、アメリカの教育畑の人から聞くならまだしも、医学部の人から聞いたことにも、一層、やるせない思いをしました。

　その後、ある日の新聞記事に、日本の養護学校は一斉に特別支援学校と呼ぶことになったと報道がありました。なぜ、一斉に換えないといけないのかという説明を読むと、聾学校や盲学校も含めた教育改革と統合事業なので、従来の養護学校だけでは意味不明になるから、新たな名称にした、と書かれていました。疑い深い私は、県下にある特別支援学校というキーワードで検索をしたところ、ずらっと養護学校の名前が列挙され、聾学校もそのまま存続していることが見てとれました。なんのために、特別支援学校の看板を表門に掲げ、裏の教育世界では養護学校の名称を相変わらず表示しているのか、さっぱりわかりません。うがった読み方をすると、海外でYogo Gakkoの国から来たの？　と連発されて、居心地の悪い思いをした高級官僚が、矛先をかわすために、玄関口の看板だけを換えたのかも、と邪推したくなります。海外でそんな批判を受けているとは全く知らずにきた国民、教育委員会、歴代の校長の心理としては、理不尽な看板取り換えと受け止めて、伝統ある善き養護教育を守れとでもなりそうです。

　その構図を想ったとき、ふと江戸幕末の騒ぎを思い出しました。勤王佐幕の思想で、それが黒船以降にやってきた英国、アメリカの軍艦に挑戦して、こっぴどくやられた結果、開国論に傾いて、明治維新になだれ込んだ歴史がありました。すると、海外の事情を知ら

ず、議論もせずに、伝統を守れと主張している教育委員会や校長会のひとりひとりが、草鞋を履き、刀を差して、頭にちょんまげを乗せている姿と重なって見えてきました。実際のところはどうなのか。だれか奇特なジャーナリストが出てきて、日本と海外の見方を対比的に報道してもらえるとよいのだが……。

◆別次元の親の会活動―海外と日本の違い―

最近、外来に訪れてくる親御さんたちに持ちかけることがあります。それは、いつか親子で、アメリカで開かれる親の会総会に参加してみるとよいですよ、という忠告と助言です。

アメリカの親の会総会は、各州持ち回りの毎年開催の大会で、国内から1000人を超える規模でダウン症児と家族が集まります。さらにアメリカ以外のカナダ、メキシコ、ブラジル、ヨーロッパ、オーストラリア、ニュージーランド、フィリピン等からも親御さんが参加します。立派なホテルを借り切って、3日間、各種の有益な情報交換を兼ねたセミナーが、複数並列で実施されます。最新のダウン症をめぐる医療、教育、訓練などの科目が列挙されて、参加者は選んだ項目に従ったセミナーを受けられます。その中には、ダウン症児の言語研究の発表とか、ダウン症の孫がいる祖父母だけの集会とか、特色があります。廊下には、小さな出店が並んでいて、言語訓練の機器、教材の展示宣伝をしています。各国のダウン症親の会活動を紹介する場所も確保されています。過去に効能が否定されたにもかかわらず、懲りないで、糖鎖を販売している出店の横には、大量総合ビタミン剤の展示もありました。すべての障害児を普通児のいる学校教室に受け入れて、教育するのが当然という国家的教育政策のもとで、苦労をしながら、教師たちが開発した障害児教

育実践論を述べた教科書シリーズも展示販売されています。別のところでは、ダウン症の青年が絵を描いていましたが、後に彼がインターネットで絵を販売したり、ダウン症児の写真を郵送で受けて、似顔絵を描いて送り返す専門家となったことを知りました＊。世界で最初のインターネット・イラストレーターと公認されています。

　夕方以降には、ホテルの大広間が占有されて、ダンスホールとなります。ロビーでくつろいでいたら、ダウン症の青年が携帯電話を耳に当てて、何やら喋りながら、そばを通りました。「いや、冗談だよ、だから冗談」と電話口で話していました。青年は、きちんとスーツを着て、ダンスホールの中に消えました。その後から、両肩を露出した美麗なドレスに身をつつんで、若いダウン症の女性が、おそらくは両親と思われる2人にはさまれて、やってきました。彼女も、例の扉を開けて、入っていきました。扉の前に制服姿の大人がふたり立っていて、付き添ってきた両親となにやら話していましたが、すぐに両親は元来た廊下に戻っていきました。扉が開いた瞬間、内部から、楽団の生演奏が聞こえました。今夜のダンスホールは、ダウン症青年限定となります。

　親の会の総会では、ひな壇に、立派に育ったダウン症の青年たちが並んでいます。かわるがわる、興味深い挨拶をします。カナダの青年は、映画俳優であると自己紹介して、「いつももらう役割は、犯罪者か障害者ばかりだけどね」と言って、聴衆から笑いをとりました。当意即妙の受け答えが、一人に限らずできるのを知ると、ダウン症を見る目が変わります。日本人の私が、ひどいなまりの英語でしゃべりかけても、きちんと答えを返してくれます。こうした成

＊ https://www.facebook.com/artistmichaeljohnson　彼の最初の絵本は A Boy Who Liked Color。 多彩な絵画の才能は独学で世界に認められている。

人たちが先頭に立って、ダウン症の乳幼児を育てる両親にその姿を示せば、若い世代の親たちが抱くダウン症のイメージは、どれほど明るいものになることか、と思わされます。

　実績として受け止めるほかに考えようもなく、こんな手本が身近にあれば、幼いダウン症児の教育を通じて良き先輩たちの後を追う人たちが出てくるだろう、と確信することができます。当然、日本に帰国して、アメリカで実現していることならば、この国でも立派に成人したダウン症の人を見つけられるだろう、と甘く考えていました。あにはからんや、出てきませんでした。なぜだろうか？

　赤ちゃんの頃から、療育指導を求めて、クリニックに受診してくる家族は、多数にのぼります。そして、幼い頃の発達を、普通の子どもと比べてみても、格段に遅れているようには見えないのです。それなのに、幼稚園年齢から以後、徐々に遅れが目立つ子どもが増えてきます。これもまたなぜだろうと考えさせられました。学童になり、さまざまな年齢の段階で、発達は停止します。なぜと考えます。出た結論は、教育が効果を出せなくなったとしか説明がつきません。では、教育が、本来の目的に反するようになる要因は何か。それは、ずばり、ダウン症への偏見と差別としか言いようがない深層心理と関わりがあります。健常児と同じ賢さを持つダウン症児の存在を認めない、否定をする。さらには、否定した像を現実化する作業にとりかかる。つまり、権謀術策を駆使して、賢いダウン症青年はいないということを真実化させているのではないか。

　反対に、海外、特にアメリカで親の会総会に出席するたびに、立派に育った成人たちに出会いました。どうやってここまで成長したのか、一人一人のインタビューもできずに、遠くから、指をくわえて見ているばかりの思いでした。自分の療育の影響を受けて、ある

年齢まで理想的に発達してきたダウン症の子どもが、中途で発達を停止するのを、なすすべもなく、ながめているしかないことが続きました。やはり教育によってしか、この袋小路から抜け出すことはできないという心境に達しました。

外部から、正しい教育を邪魔しようとする勢力を見破り、それと戦わないとなりません。間違った価値観をもつ人は、教師だけでなく、医者や家族の中にも、みつかります。親の会も、逸脱した反教育の圧力を仕掛けてきます。ダウン症のわが子を、地元の普通学級に入れようと苦労しているところに、親の翻意を促すためにか、親の会から、いれかわりたちかわり、圧力をかけようとする母親が家庭にまでやってきたとのことでした。「あなた、どうして子どもを普通学級にいれようとしているの。親の会でも批判が続出よ。みんな、特別支援学校に入学しているのに、あなたは、よほど目立つことをしたいの」と容赦のない非難を浴びせられた、と親御さんたちは証言しています。ここには、知的発達を最大限発揮させるという発想は、感じとれません。長いものに巻かれていれば何とかなるとでもいうのでしょうか。

◆ダウン症と政治

アメリカには米国ダウン症協会（National Down Syndrome Society）という組織があり、歴史的に重要な役割りを果たしてきました。登録しておくと、その組織から時々のニュースが配信されます。オバマ大統領の時代ですが、大統領とダウン症の青年が握手している写真が送られてきました。上院議員の仲介で大統領にあることの陳情をした、という説明文がついていました。あることとは、最近、大学に行きたいというダウン症の青年が多くなりましたが、アメリカ

には学費を親が負担する伝統がなく、自分で稼いでから入学するか、高校時代の学業成績をできるだけ向上させ、奨学金制度に申請することで、大学入学を志願する道があります。奨学金をもらう書類選考でダウン症と記入すると、その段階で断られることが続いたため、この度は、大統領にかけあって、連邦予算の中で奨学金支援制度を設けてくれと陳情をしたそうです。やるもんです。

　今度は、トランプ大統領となってからの便りです。いきなり共和党の上院議員２人の名前とメール先が提示されていて、説明を読むと、近くトランプ大統領は貧困者向けの医療システムを基本から変えようとしているが、それが実現するとダウン症の人が、必要に応じて病気の検査や治療を受けるのが困難になってしまうことが明らかになったので、法律の改悪に反対する意志表明をしようと提案していました。さらに加えて、トランプ陣営の共和党に所属する２人の上院議員の名前と写真を示し、彼らが賛成票を投じるか反対票を投じるか、いまだに決めていない状況なので、大統領が提出する法案に反対するように、ダウン症の人たちと家族は、積極的に陳情のメールを出してほしい、とありました。これほど立派な政治活動を展開していることに、驚かされました。まさに、個人自由思想民主主義活動です。日本人の考え方からすれば、社会福祉活動の団体が、一定の政治的活動を公然とするとは、行政側から見れば論外であると一蹴されるかもしれません。

　その後も、職場で働いている成人のダウン症の人をつぎつぎと取り上げながら、これだけ労働内容が立派でも、不当に低い賃金しか支払われていないと訴え、法で定められた最低賃金だけも支払うように求めていこう、というキャンペーンも繰り広げられています。

◆大学とダウン症の受け入れ

　アメリカでも田舎の大学医学部に働いていたとき、大学の卒業式を見学しに行きました。型通りの式次第が進んで後半になり、演壇の周りが何だか騒がしくなりました。そして、ダウン症の青年が姿を現しました。彼も卒業生の一人でした。紹介の言葉が告げられると、人びとは大きな拍手を送り、口笛が吹かれました。パッパとストロボの光が走りました。見ると、ＴＶ撮影用カメラをかついだ人を囲んだ集団が前に出てきて、録画をしています。ダウン症の青年が大学を卒業した記念すべき日に、この私も立ち会ったのかと、ひとしお、感慨を深くしたものでした。

　翌日、大学研究室のスタッフに、そのことを話したら、単純な感傷に対して冷や水を浴びせられました。彼は言葉を選びながら、説明をしてくれました。大学とダウン症青年の入学・卒業は、おたがいウインウインの関係に基づいていることを、承知しておかなければいけない。大学側としては、ダウン症の青年を学科コースに入れて、担当教授に丁寧な教育をしてもらい、うまく卒業できれば、当然、大学の教育がいかに役立つか、国中に響き渡るはずだ。大学の評判があがれば、志望する学生も増える。商売なので、宣伝は大事だ。協力関係にあるのがマスメデイアで、地元産業界と密着していて、地方の文化活動が優れていると広く知られれば、有能な人材が流れてくるだろう。スポンサーの意をうけた地元のＴＶ局の報道陣が、ダウン症青年が大学卒業をしたというニュースを流すことに、総力を挙げて取り組んでいるのは、当然なのだ。これまでに全米の大学で、どれほどの人数、ダウン症の青年が卒業を迎えたのか、当時（1985年）でも、10人を超えているだろう、と聞かされました。

◆神国は嫉妬心国

 ある時、心臓病と闘ってきたダウン症児が3歳で亡くなりました。私は誕生時から療育相談を引き受けてきたのですが、母親から知らせを受けて、弔問に訪れました。昼間の時間帯で、訪問客は一人だけでした。遺影が置かれた小部屋に通されました。

 ハンカチで時々涙をぬぐう母親がとつとつと話しはじめました。「先生には、お世話になりました。甘えて言うので許してください。私の正直な気持ちを話させてください。夫は官公庁に務めていて、今住んでいるところは官舎なのです。同じ階のはずれにも、同僚の家族がいます。そこには、亡くなった娘と同じ年頃のダウン症児がいます。娘とちがって、心臓奇形はなくて、すくすくと育って、歩くのも喋るのも、発達が早いことがわかります。実は、私は、いつもその子が何かで、早く死んでしまえ、早く死んでしまえと念じていました。だって、私の娘は、病気ばかり起こしていて、さらに手術の可能性がないと言われたんです。亡くなる前までに、しっかりと立つこともできませんでしたし、自分の子どもの状態と、あちらの子どもの状態を比較すると、みもだえするような気持ちが生じて、いけないことと分かっていましたが、ひどいことをあちらの子どもに願っておりました。自分で押しとどめようがない気持ちです」と、激しく涙をこぼしました。

 こちらは、何と言葉をかけてよいのか、まったくわかりません。黙っていると、「先生に、自分の気持ちを話せて、何か少しだけほっとしました。これは夫にも言えなかった」と母親は言いました。それ以来、ダウン症の療育の相談を行う中で、こうした母親の心理も頭の隅に置いておくように心がけるようになりました。追い詰められた母親をさらに追い詰めるのは、残酷なことです。

興味あることとして、ダウン症の子どもの心理を観察していると、いわゆる嫉妬心を抱くことは少ない、稀だろうと考えるようになりました。健常者は、激しい嫉妬心を時に露骨に示します。他人と比較して、自分の価値が劣っていると認めることを根本的に嫌がるためか、と簡単に考えましたが、結構複雑な状況がありそうです。優越感と対比する劣等感の心理構造は、社会のいたるところに見られます。金持ち対貧者、権力者対被抑圧者、満たされた者対満たされない者、有名人対無名人（？）、筋肉ムキムキマン対ほっそりもやし君、上位者対下位者。その中に忍び込んでくるのが差別観です。差別に捉えられると、一方的に他者を誹謗し排斥しようとします。そこには、理性的な論理がありません。百パーセント感情のみに基づいた判断で行動します。嫉妬心は、下位者が上位者に抱く感情です。金持ちも、おちおちしておられません。所有する金額を比較すると、上には上があるのです。嫉妬心は、無限地獄への入り口です。

　ところが、ダウン症児の精神発達の過程を見ていると、これと言う嫉妬心の表れがないので、一種の驚きです。あの子がうらやましいという言葉を聴いたことがありません。自分は自分であり、自分なりの世界を充実させることで精いっぱい、という態度が目立ちます。普通学級の中で、試験の点数がだれかと比べて1点でも上だと、喜び踊るのは健常児だけです。競走をして、自分が勝ったりすると、とても済まなそうな顔をするのがダウン症児です。

　この点を指して、ダウン症児のこころには、我欲（selfish ego）が欠落していると表現し、親御さんに理解を深めてもらいます。普通児は我欲の塊です。かく言う私も親御さんも健常同胞も我欲の塊です。いつも、もっともっとという妄執で動いてしまいます。褒美

に100円をもらった普通児は、次に褒美をもらうときはそれ以上の金銭を、というあさましい気持ちを自然に持ちます。大人も同じです。人から親切にしてもらうと、ありがとうの気持ちが浮かびますが、毎回親切に出会っていると、感謝の気持ちが薄れてきます。健常者とダウン症の人の知能のちがいは、我欲のちがいと表現することも可能です。嫉妬心は、まさに我欲と密接な心の働きから生まれます。ダウン症でも希薄ながらも、我欲に近いこころの働きを見ることがありますが、普通児の我欲の強さと比べると微々たるものです。

◆ Beautiful Faces 13年後の再会

　ダウン症児への偏見を少しでも解消させる目的で、1996年にダウン症児の姿を主題とした写真集となるカレンダーを発行しました。まっさきに届けたところは、産科医のいる医院、病院でした。産科の医者が、妊娠した女性へ出生検査・診断を説明するうえで、できるだけ現実とかけ離れた内容を伝えないようにすることは、非常に大切です。ダウン症児を見たことがない医者よりも、実際に見たり、一緒に生活体験を共有している医者のほうが、よほどバランスのとれた説明ができるはずです。毎年発行して、配布していますが、肝心の産科医の手に渡る率は、低いままです。低くても、主旨に賛同してくれている産科医も確かに存在し、羊水検査でダウン症と診断されたケースで、即座に中絶に向かう前に、ダウン症という意味をしっかり学んで、最終的な決断をするように手配することが実現してきています。夫婦の側が、十分な倫理的検討をしてから、主体的に決断をするプロセスは、理想論のように議論されますが、現実にこれを実践しているところはきわめて少ないのです。私のと

ころには、年に１〜２組、遺伝相談として、紹介されてきます。紹介してくれる産科医には感謝です。ダウン症児のカレンダーは、その協力体制を結びつける材料としても役立っています。

1995年、アメリカで開かれたダウン症協会の総会にでかけました。参加するたびに、日本では決して得られないダウン症情報に接することができます。ダウン症の俳優クリス君が司会をする音楽会等、当たり前のように展開する場面ですが、それを支えている社会的背景を考えると、わが国の状況がそこまで追いつくまで、どれほどの年数が待たれるのかと、唇をかむばかりでした。

その総会で、偶然、カレンダーに出会いました。かわいい人形のようなダウン症女児が表紙写真をかざって、**Beautiful Faces**（**すてきな顔**）と大々的にタイトル表示がありました。インデイアナポリス市の母親が中心になって、作られました。実は、当時すでに私のところで、カレンダー出版の準備を手配したころで、「これは、先にやられたなー」という感がいっぱいになったことを記憶しています。日本から、世界で最初の偉業をとげたダウン症の人を出したいと、いつも考えている身として、残念なことでした。中心的役割を果たした母親と直接話をしたのですが、とても魅力的な女性だったのが印象に残っています。翌年、企画通りにカレンダーを発行しました。タイトルは、『**すてきなダウン症**』。アメリカの認識と同じタイトルがつけられて、無常の幸せを感じました。案の定、たちまちダウン症の子どもと触れあっている小児科医から、タイトルにクレームをつけられました。こちらの計略にまんまと載って、本心をさらけ出した一瞬です。「すてきな、だって、おかしいんじゃない」と言われました。相手にしないで、（おかしいのは、そっちだよ）と内心で言い返しました。

数年して、ある親が、日本の親の会の会報を持ってきました。見せられた記事は、地方の都会の母親からの投稿で、アメリカには、すてきな顔と題したダウン症のカレンダーがあることを知り、すごく感動したという内容でした。ちょっと意地悪な気持ちもあって、その母親に、日本でもすでに同様なカレンダーが毎年発行されていますが、それはご存知ない？　と手紙を出しました。その後、返事はありませんでした。

　2018年になって、アメリカでダウン症児を生んだ日本人夫婦が、私の診療所にやってきました。手にはアメリカのカレンダーを持ってきました。見ると、インデイアナポリスの親の会発行であると印刷されていました。おもわず、夫婦に、当地で初めて発行されたカレンダーがクリニックにあることを伝えて、大事に保管展示してきた美麗な実物を見せました。偶然のはたらきで、13年後に、一点から分かれた二線が、この時一点に重なったことで、意味はないけれど、やはりうれしいという気持ちがわくのを、抑えられませんでした。こういう偶然があると、療育の仕事はうれしくなります。

◆ドーバー海峡を泳いだダウン症女性

　アメリカの30歳台のダウン症の女性カレン・ギャフニーさん（Karen Gaffney）が、ドーバー海峡を泳いで渡った記事を読みました。一定の距離をつぎつぎとリレーで泳いで達成したということでした。それは健常な泳者でも同様に適応されている一般ルールです。その女性の偉業は、正当な評価に値することです。

　ダウン症の人で誰もやっていなかったことに挑戦するという意味があります。やる前からあきらめてしまうことは、数え切れないほど、ダウン症の人生にありふれたことだったでしょう。ドーバー海

峡を泳いで渡りたいと考えること自体、未知の世界に切り込もうとする勇気にあふれた女性です＊。同じ頃、英国の女性が遠泳横断に挑戦して、途中、心停止で亡くなるということがありました。

◆重量挙げ大会で堂々3位

同じ意味から、アメリカのダウン症の青年、ハンク・ストクロサ氏（Hank Stoklosa）の挑戦も称えられるものがあります。重量挙げ選手の一家に生まれたので、幼い時から競技に親しんでいました。障害者競技会で優勝したこともありました。さらに上を目指そうと、一般に公開された競技会に挑戦し、ついに3位の成績をあげました。記事によれば、地元で話題の選手となり、彼が試合で重いバーベルを上げる段になると、試合にでていた選手一同もそろって声援を送り、喝さいをしたとあります。写真をみると、骨格は太く、筋肉隆々としています。何よりも皆に愛される選手です。

＊その後、彼女は障害者を差別することがない社会を目指す運動に身を投じ、栄誉を称える名誉博士号を大学から贈られた。現在は法人団体を立ち上げ、特にアメリカ国内では中絶反対運動の先頭に立って、数々の講演・演説をこなしている。

第10章　生活編

　日常生活と密接に関わりを持つさまざまな課題が、療育の現場に、持ち込まれます。歩くようになったら、どんな靴を与えたらいいかとか、玩具を買ってあげたのに、まったく関心をもたないとか、相談の種類は、万余に登るでしょう。その中で、ダウン症児のこころと結びつきの深い項目を選んでみました。

◆自由を愛する魂
　フランス革命の直前に書かれた啓蒙的文化人による寓話があります。"イタリアの山賊"は、とらえた旅人をベッドにしばりつけ、はみ出た足はちょん切り、寸足らずの足は切りこみを入れて伸ばし、「はい、ベッドのサイズという規範に合った正しい人間になれました」と宣告して、釈放したという内容です。最初からベッドのサイズとぴったりの脚長だと、「正常だ」と判定を下します。その規準は、変わることがありません。寓話ですから、含まれた意味を理解しないとなりません。理不尽に他者が決めたルールを一方的におしつけて、人の正常、異常を選別するやり方が認められていることを、批判しているのです。

　自由は、フランス革命から生まれた新しい国民の概念でした。貴族と民衆の戦いが続けられるうちに、それが革命の魂の部分に位置を占めるようになりました。ダウン症の人たちにとっても、自由

は、何よりも大切に感じられ、それを手放さないためには多少の犠牲を払っても構わないと、こころの底から思っています。ダウン症児のこころを、このキーワードに照らして見れば、不可解な行動をなぜ起こしたのか、容易にわかるようになります。**ダウン症児が、どれほど自由を愛するかは、万言を費やしても語りつくせないほどです。**

◆意志決定を一任されること

　自由の精神を縛る環境では、ダウン症児は、それを避けるために満身で、用心しています。かわいそうなことには、周りの人からすれば、ダウン症児のためになるからという動機で、押しつけている場合がすくなくありません。歯科医院で、虫歯を治療するときに、暴れると危険なので、バスタオルで全身をぐるぐる巻きにされて無理やり開口器を装着し、治療をされることがありますが、児にしてみれば、絶対に受け入れられる世界ではありません。再び、歯科受診するとなっても、絶対に近づきません。他の歯科医院に変更しても、前の記憶がある限り、診察台に乗りません。

　ここまでしこってしまったケースでも、親から、「どうすれば、歯科の治療をうけられるようになりますか」と質問されれば、答えをしないわけにいきません。

　「長い話になります。まず、歯科診療所の玄関まで連れていきます。児がいやがったら、親はすなおに家に連れて帰ります。翌日は、待合室まで入れるはずです。嫌がったら、また家に帰る。その翌日、診察台の上まで登る可能性が大で、そこで嫌がったら家に帰る。そのまた翌日には、口を大きく開いて、回転研磨機が歯に接する寸前で嫌がったら、家に帰る。その次には、本格的な治療を受け

ていることでしょう。一連の過程については、受診先の歯科医から事前に了解をもらっておかないとなりませんが」

その結果、治療をできたと報告されるたびに、この助言をしてよかったと満足を感じます。

ここで、嫌がっていたダウン症児が歯科治療を受けるに至ったことから、学ぶべき事柄がわかります。その児のこころを尊重するなかで、自分で自分のことを決めるように誘ったことで、自由な意思を保ちながら、良い判断と行動に進んだということです。人から強制されないことが、いかに大きなちがいを生むことか。

◆だましが許される場合

臨床検査室から、ダウン症児の脳波検査ができないので、何とかできないか、と電話がかかってきました。これまで何度か検査をしようとして、常に眠らない抵抗をうけて、検査中止をくりかえしていました。今度もすでに必要量の２倍もの**睡眠薬**を飲まされていましたが、目はぱっちりと開いていました。そこで、親と検査室の連携作戦を授けました。

その児は、親子で自動車で来院していました。過去の帰り道での車内のようすを聞いて、確信をもって指示をしました。まず、「もうお家にかえろうね」と親から優しく語りかける。自動車に、小さな毛布を手にしながら子どもを後部座席に座らせる。病院の駐車場から自動車は走り出ると、ほどなく睡眠薬が効果を出しはじめて、ついに児は**眠りに落ちる**。ちょっとゆすっても爆睡に近いことを確認して、おもむろに自動車は、病院に向かってＵターンする。無事に病院のはずれにある職員用出入口に、毛布で上半身を包まれた児を親御さんが、そっと抱き抱えて入る。そこに**待機している**スト

レッチャーに乗せて、静かに脳波検査室に運ばれる。すやすや眠っている間に、頭部に電極を張りつけ、検査が進む。終わった頃に、薄く目を開けた児に親御さんが笑いかけて、「えらかったね。検査はおわったよ」と語りかける。児は、目をぱちくりするばかり、といった作戦です。

　このケースは、本人の意志を踏みにじっていますが、結果的に検査がうまくできて、結果オーライは、親と医者にとってだけでなく、児にも言えることでしょう。児のこころには、自由を抑圧されることを意識させずに、望ましい状況に導かれたことについては、受け入れる気持ちが、自然にわいてきています。次回から、もっと素直に検査が受けられると考えられます。このやり方は、他の知的障害児で、同様に脳波検査が何年もできなかったのが、だましの誘いで、できたうえに、その翌年も翌々年も、だましなしで素直に検査を受けることができたと報告されたことから、実効性があるとして、推奨するものです。

◆約束の条件

　自由が束縛されることをそれだけ嫌うのが、ダウン症児のこころと知ると、日常でよく見る"約束"の実態にも、関心がわいてきました。そこで親御さんに質問をします。「最近、（ダウン症の）児と約束をしたことがありますか」すると、「そういえば、ないような。わからないな」という反応が多く返ってきました。3歳までに、何か約束したことがないかどうかも、尋ねてみましたが、したことがある子の記憶がある数は、これまでに10指に余るくらいで、データとしては役立たない数でした。それでも、確かに以後は約束をしないなあ、という親御さんの感慨が得られました。

約束は、以後の行動を縛ります。親は、叱る理由として、「約束したでしょ」とたたみかけます。ダウン症児は、つくづく約束なんかするのじゃなかったと痛感しています。以後、幼稚園でも小学校でも、ダウン症児の多くは、「指切りげんまん嘘ついたら……」の動作は、やろうとしません。ダウン症児は純真です。いったん約束をしたら破れないと思い込んでいます。他方、健常児は図々しい性格をしています。約束したことを、後で破っても構わないという達観に至っているようです。約束を平気で破れる精神の有無が、健常児とダウン症児のちがいを象徴しています。

◆自律神経の働き方

　人の身体で、自律神経系と呼ばれる働きがあります。心臓や呼吸や消化や排せつの働きは、本人の感情にいくらかの影響をうけながらも、生存に関わる重大な機能を失わないように、意識と切り離された状態で働いているので、「自律」の形容詞がつきます。血圧の高低とか、脈拍が増減するなどは、身体の動きに伴って、自動的に調整されます。興奮性の反応をつかさどるのが交感神経系と、鎮静性の反応をつかさどるのが副交感神経系と区別します。両者のバランスによって、適正な生命の維持がされています。

　この調整がうまくいかないと、自律神経失調症と診断されます。その症状は、軽いものから、重症で健康を徹底的に損ないかねない状態まで、幅が広がっています。ダウン症児の身体は、一言でいうと、副交感神経系が勝っている体質と考えられます。興奮の反対である鎮静の内容とは、血圧が低く、脈拍も少なく、体温は低く、汗をかくのが少ない。便秘がちで、運動に向いていない。ほとんどがダウン症児の体質に認められます。

◆冬を迎えて

　副交感神経系が優勢ということで、冬季の寒さにとても弱いことが予測されます。冷えやすい手足の末端に暖かい血液を流し込めば、冬でも乗り越えられますが、寒さに縮んでしまった動脈血管は、交感神経系の刺激が弱いため拡張しません。家庭内にいたのに、凍傷が見られることがあります。鼻の頭、耳たぶが、特に冷えやすいことも常識です。自力で温め返すことが下手なので、布団の下に、電気カーペットを置いて寝るのも、良い対策です。乳児だったら、電気毛布も敷布の下に使うことも有効です。低温やけどを防ぐために、スイッチは弱にすることを忘れてはなりません。口唇も、乾燥し、割れて、ついに出血に至ります。一般のリップクリームでは治療できないので、皮膚科に受診して積極的な治療を受けるべきです。皮膚は乾燥が進んで、こすると粉のような細かい細胞破片が飛びます。乾燥性皮膚炎というれっきとした病気あつかいをされます。指先が寒気のために紫色になることもあります。ここまで進んでいると、皮膚科の専門的治療を仰がないといけません。

◆春を迎えて

　副交感神経系の優位な状態が続くと、交感神経系の出番はすくなくなりがちです。冬季に、芯まで冷やされたダウン症児の身体ですが、春先に、体温の異常現象が起こります。日本では、4月から5月にかけて多発します。気温がしだいに上昇し、暖かい大気に囲まれたダウン症の幼児では、体温が上がってきます。しかし、身体には冬季の記憶が強く残っているので、交感神経系は発動してくれません。発汗すれば体温は正常に戻るはずが、発汗が起こらないので、体温はそのまま上がり続けます。午前10時を過ぎるころにな

ると、38.5度を超えることもあります。当然のことながら、保育園・幼稚園では、発熱だということで、職場で仕事をしている母親に緊急の呼び出しがかかります。子どもを連れて、母親は小児科に行きます。午前11時を過ぎるころになると、おそまきながら、ようやく交感神経系の刺激が出されます。密やかな発汗により児の体温が下がります。呼ばれて入った診察室で、医者は、はてなを示して、親に言います。「どこも悪いところはないですよ。それに、額をさわっても熱がさがっている」と。この現象を"うつ熱"と呼んで、病気と関係がある**発熱**と区別しています。

　親御さんに**区別**の**方法**を伝授しましょう。まず、うつ熱を疑い、職場から園に飛んでいかない。保育士さんに依頼をします。**うちわ**で児をあおいでみてください。保育士さんから報告がはいります。熱が下がって、それから以後も普通の体温ですというのを聞いたら、"うつ熱"なので、もう心配いりません。反対に、一時的に下がったように見えた体温がまた高くなってきたら、**病気**の症状として発熱が起こっていると結論して、小児科を受診します。医者も適切なタイミングで受診したことを褒めてくれます。同じ天候で、広い範囲で、多くの母親が、一斉に職場から無意味に呼び出されるのを防ぐために、予備知識は必要です。

◆夏のご注意

　夏には比較的要注意の配慮はありませんが、夏ならではの活動をすることはあります。日焼けに注意します。乳児だと外出して散歩する時間帯は、夕方に近いほうが安全です。幼児期以後だと、プール利用が役立ちます。熱い大気中に裸でいて、冷たい水のプールに入るのをくりかえしていると、自律神経系を良い形で刺激するの

で、冬になって冷えっぱなしという無抵抗から、やや温め返す反応が起きやすくなってきます。**海水浴**もお勧めです。

◆乳児と朝の行事

　自律神経系のアンバランスがあるので、すべてのダウン症乳児が朝目覚めるとき、親に**習慣**としてやってもらいたいことがあります。一年中を通じてやることが望ましいです。まず、「おはよう」と声掛けをして、児の両手をつつみこむようにし、**温度を感知**する。氷水のように冷たい手に触れたら、由々しき事態ととらえます。さらに足先にも触れて温度を判定します。多少の冷たさ、水道水程度の温度では騒ぎません。

　手足が極端に冷えていたら、前額を触ることも欠かせません。きっと火のように燃えていると感じるでしょう。つまり、四肢末端部は冷えの犠牲に供しても、身体にとって最大尊重されるべき内臓がある胴体と、脳がある頭部だけには、暖かい血液が継続して供給され続けている状態を確認したのです。おそらく、大気温度が急激に下がる早朝4時前後に、どこかしら家の隙間から、冷えた空気が忍び込み、部屋内部の布団ごとを、冷え冷えにしてしまったと推理します。児の顔を見ると、目やにがたくさんたまっていたり、鼻閉があります。人から人への感染性の風邪ではありません。寝床にいた赤ちゃんが、冷やされた結果ですので、その責任は、**部屋の温度管理者**にあります。

　もし目やに（**眼脂**）がひどい場合も、その後の処理に注意が求められます。いきなりタオルやティッシュペーパーなどでふき取ると、固まった**眼脂**は、結膜粘膜組織をこすり、多数の微細な傷を生じさせます。親の操作のせいで、新たな結膜炎が生じます。良い対

処法としては、温水を用意して、洗面器に張り、児の顔面をその上に出して、下から温水に浸したガーゼで、目をそっと洗います。くりかえしていると**眼脂**はふやけて、やわらかくなってきます。それを確認したら、ガーゼとお湯で洗い流して終わります。一滴、点眼薬を落とせば、満点でしょう。

　夏でも高原の別荘に遊びに行くと、朝方の厳しい冷えにであって、大人にも子どもにも眼脂がみられることがあります。

◆年齢による玩具選び

　乳児期の玩具は、とにかく児が握ったら、それを離さないで、引っ張ったり、振ったり、押したりして遊ぶのが主流となります。絶えず玩具と触れている状態が保たれます。これが、1歳を過ぎると、すっかりちがった遊び方に変わります。要するに、握った玩具を手放すことで、遊びが完遂できるという流れです。例えば、積み木だと、もちあげた積み木板を最後に決まった場所におかないと、積み木作業はうまくできたことになりません。型はめ遊びも同じです。こうした遊び方の変化は、知的発達にそって適切に行われるべきです。ときには、巨大玩具売り場に、親がでかけて、年齢別に棚の上に置かれた玩具を比較検討し、なぜこの年齢で、この玩具が推薦されているのかと考えることは、とても有益なことです。

◆反抗的な態度への対処

　しばしばダウン症児は、頑固だと言われています。どうやっても、一度決めたら、てこでも動かない。ところが、外来で応対をしている中で、意外にも頑固ではない面が出てきました。確かに、ダウン症児が拒絶した指示を、繰り返して指示すると、「イヤッ」と

しか返してきませんでした。これだけだと、頑固であるとみなすことができそうです。しかし、嫌がる指示を続けるのをやめて、1分から3分くらいの短い時間、他の楽しむかもしれない話題に変えたら、目論見通り乗ってきました。それから、おもむろに嫌な指示を再び持ち出したら、何ということでしょう。素直に従ったではありませんか。これを何度も繰り返し経験して、ダウン症児の気持ちには特有のむら気が随伴している、と気づくことになったのです。

むら気というのは、気持ちが変わりやすいという意味です。他に転換せずに、真正面から嫌な指示をぶつけ続けた場合は、拒絶すべきことを連続して要求されているので、児としても、拒絶するしか選択の余地はないわけです。では、途中で話題を変えて楽しんでから、ふたたび嫌な指示をぶつけてみたとしたらどうなるでしょうか。反射的な拒絶の衝動は、楽しい体験という横やりが入ったため、一息の余裕が生じ、まあ、いいか、というふうに変心して、ついに受け入れたわけです。はぐらかし作戦と呼んでいます。

外来で、実際にやりとりをして、親御さんに納得してもらい、このむら気作戦を実際に家に帰ってからやってもらうと、頑固であると感じる場面が確かに減った、と報告をしてきました。大人が頑固に主張するので、子どもも頑固に答えていたのでしょう。

◆特別な4歳の反抗期

ダウン症の子どもの共通現象として、4歳になると、突然、母親にかずかずの反抗的な態度を示すようになります。世間では、それを単なる年齢にともなう反抗期ととらえる空気がありますが、外来の面接で、親御さんからいろいろな体験談を聞かされている中で、それは、単純にお母さんへの反抗と決めつけるのは早いのではない

かと思うことがありました。ダウン症児が、その年齢で過ごす環境を想定し、行動のようすを親御さんに尋ねてみると、多くの事例で、共通な話が出てきました。うがった見方かもしれませんが、参考になる家庭もありそうなので、解説をしてみます。

　ダウン症児の多くは、3歳になると、同年齢の普通の児たちの集団に加わり、子ども同士の交わりによって知能も運動も会話も格段に進歩するとされます。私も原則として、その流れに沿った教育方針を親御さんと一緒に議論をしてきました。3歳のダウン症児が、保育園や幼稚園に通いはじめると、友だちができます。たいてい好奇心の強い子どもが、新顔のダウン症児のそばにつきっきりとなり、世話焼きのような動きをするようになります。脱いだ靴をそろえて指定の箱にしまうとか、体操着に着替えるとかの際に、ダウン症児がちょっとでももたもたしていると、手を出してきます。最初のうちは、ダウン症児はそれを受容しているようです。しかし半年もすると、集団の中で、子どもなりの**プライド**という存在に気づきます。だんだんと自分でできることを自分でやろうとしますが、それまで嬉々として助けてくれていた同級生が、たちはだかることとなります。お世話をする子どもの手を払いのけますが、それはダウン症児に新たな悩みを生じることになります。世話好きな子どもも、何で親切を断るのかと、強い反発を表します。言葉のやりとりでも、体格でも、普通の児が相手の喧嘩では、話しになりません。でも、内心のプライドは刻々と育っています。

　では、ダウン症児は現実にどういう行動をするでしょうか。余計なおせっかいをきちんと断る**練習**を始めます。直接、普通の子どもに対して行動すると、怖い目にあうのは確実です。そこで、**練習台となる人**を探して、一般的には、**母親**を見出します。練習はだいだ

い4歳頃から開始するので、この年齢から、やけに親に反抗するという相談がふえてきます。大好物の料理を出したら、食べないと言ったので、母親がすごく驚いたりします。でも5分もすれば、あっさり食べるはずです。断る練習の意識で、一度断っただけのことなのに、それで大好きな料理が消えてしまったのは、ダウン症児にとって意外で残念至極な展開でした。

　練習台に母親を選んだことには理由があります。いちばんやさしいこころを持っている人、それが母親だったわけです。それなら、練習台にしても、修羅場にはならないと踏んだのです。だから、その選択にはいっていない**父親**への反抗が見られないのも、この**仮説**を支持する根拠です。保育園・幼稚園の先生たちも、これら一連のパターン変化を認識していることが、多くの証言で示されています。普通の児が手伝おうとしたら、ダウン症児がその手を振り払っていたということを目撃しています。ついに、臆病なこころを押さえて、勇気ある行動に踏み切った瞬間だったのです。当の母親も腑に落ちたようです。それまでは、子どもの反抗に腹を立てて、母親は気分も害していましたが、仮説の説明を聞いて、まったくちがった見方ができるようになりました。気持ちが楽になったそうです。ここまできたら、ダウン症児が反抗したときに母親がかける言葉は、これに決まりです。「あんたも、外では苦労をしているのね」。年長組になる頃には、おせっかいな子どもへのメッセージが通じたのか、無用な手出しがなくなった、と保育士さんから報告がありました。

◆へそまがり

　生後数カ月未満で、人工心肺の機械につながれて、心奇形の手術

を受けたダウン症児は、特有な**仮面表情**をすることが多く見られています。固い表情をして、まるで、内心を読まれないようにしているようにも見えます。視線は、ほんのちらりとしか合いませんが、まったく合わないでもありません。自分が見られていないとわかると、ちらっちらっと、周りの大人のようすを、"**観察**"します。ちょっとでも注意して児のようすを見れば、一風変わった態度は、容易に見てとれます。

ある時、初めて受診してきた3歳の児が、このような印象を示しました。そこで、傍らにいたナースに、「洋服の下を見てください」とだけ、指示を出しました。ナースは、黙って着物をはぐりました。そして、「先生、ありました」と言いました。側で見ていた親たちには、このやりとりが何のことかわからなかったでしょう。児の前胸中央部に縦に走った手術切開の痕が明瞭にありました。

解釈はこうです。乳児期にやむなく心臓を止めて、外科手術を受けました。まさに命がけの体験です。術後、ベッドの上で麻酔から醒めた赤ちゃんが、感覚を通して集めた情報をまとめ上げると、こうなります。「見も知らない男女の大人が私を取り囲んで何かを押しつけたところまでは覚えているが、はっと我に帰ったら、ベッドにしばりつけられ、何やらたくさんの細い管が身体中にくっつけられている。不愉快だ。あれっ、いちばん信頼している母さんと父さんは、どこにいるのか！　私がこんな目にあっているのに！　あいつら、許せない！」と説明されます。「**へそまがり**」の心理と呼んでいます。

その病院は、完全看護を謳っているので、両親はNICUにも入れないし、一般病室でも夜間は付き添いができなかったようです。この場合、親には何の落ち度もありませんが、赤ちゃんに、そこま

での理解力はありません。親に、乳児の心理を、よーく説明し、退院後には、入院中に不足（と乳児が勝手にうけとめていた）していた愛情をふんだんに与えることで、補填をすることしかありません。実際こうした経緯で、外来で観察して1割から2割の子どもには、前述のような手術後の「**へそまがり**」態度が認められませんでした。その場合、両親の接し方で児の機嫌がよくなったと思います。親御さんには、最大級の褒め言葉をあげます。

　では残りの8割から9割の「**へそまがり**」の態度を示すダウン症児については、どんな対処法があるのでしょうか。結論から言うと、これという対処の方法はありません。自然に気持ちが寛大になり、生活を送る中で、乳児期の恨み事を少しづつ忘れてもらうしかありません。でも、いちばん大切なことは、まず、この「へそまがり」になってしまった子どもに接する親が、児の心理を十分に理解して、いろいろな場面ででくわす児の「へそまがり」反応に、たじろがず、笑って受け止め、できれば「まあ、親に文句を言いたい気持ちはわかるよね」とか、親のほうから声掛けをして、いつしか、児が親にはやっぱりかなわないなと、思えるようになると、全体として解決するだろう、と説明しています。

　「**へそまがり**」の性格は、欠点ばかりとは言えません。むしろ、周りの人たちの言動を実に注意深く観察調査していて、心理的洞察力が並みではなくなります。例えば、幼児であっても、医者とか教師とかの大人が、なーんだ、ダウン症児か。知能の発達が遅れた児童にすぎない、と軽んじた思いを抱くと、すぐ見抜かれて、児は近づこうとしません。大人のほうが、心理を読まれたという関係です。

◆学校のいじめと抵抗性

　学校に通うようになると、親の気持ちは因果なもので、同級生から受け入れられているか、**いじめ**に遭っていないかと、いやでも心配をします。本来は、担任教師が注意を払うべき案件なのですが、しばしば、教師の関心をひかないように意図して、**いじめは横行**します。

　普通児集団での**いじめ**は、基本的に陰湿な性格を帯びます。さらに困ったことに、子どもの世界には不文律があります。本人がいじめられていることを教師や親とかの大人に話すことは、重大な裏切りとして、クラス全体が一致して非難をするのです。いじめは、当人の口で訴えることができない状況でいじめるので、効果を発揮します。

　他方、子どもの世界の不文律の中には、便利なのもあります。自分のことを告げ口するのはタブーでも、自分以外の子どもがいじめられていると、大人に告げ口するのは、許容範囲です。親が、自分の子どもが、外の世界でいじめに遭っているかどうかを知りたかったら、情報源を他のところに求めるとよい。ダウン症児の母親には、同級生の母親で気が合う人をみつけて、親しくなることを推奨しています。その親御さんが、ダウン症児の名前を言って、いじめに遭っていないかと子どもに尋ねると、わりあい容易に情報が入手されます。その情報を、同級生の母親から、ダウン症児の母親に伝えればいいだけ、となります。

　概して、ダウン症の小学生が、普通学級で**いじめ**にあうというのは、むしろ、少ないか、ないと言ったほうが正しい。どの生徒も、持ち回りの流れの中で、いつ、いじめの対象にされるかはわかりませんが、ダウン症児へのいじめは、**短期に収束してしまう傾向**があ

ります。

　ある母親から聞いた話です。たまたま、ダウン症児が標的となり、同級生は示し合わせて、口をきかないことにしました。数日して、この約束事は、ダウン症児の純粋なこころの前に、みごとに破たんしてしまいました。はじめのうち、ダウン症児が話しかけても、同級生は掟にしたがって、言葉をかえしません。すると、ダウン症児は、素直な反応をしました。「ねえ、ねえ、どうして返事しないの」と、逃げる友だちの後を追いかけて、何度も大声をあげました。相手が誰であろうとも、すなおなこの反応を示したので、これでは陰湿どころではなく、いつしか教師に知られるにちがいないという共通認識が、同級生の間に広まって、ばれないうちに、いじめは自然消滅しました。複雑にねじれた普通の児の心理では、こうはいかなかったでしょう。天真爛漫なダウン症ならではの**抵抗性**とも言えます。

　では、集団いじめでなく、ある特定の普通の児が、ダウン症の同級生を継続していじめていた場合は、どう解釈するか。前述の集団いじめとは、全く異なる性質の出来事と受けとめます。情報源は同級生からとなりますが、某君がいつもダウン症のA君をいじめていると、証言があったら、即座に担任教師に面談を求めて、こう言います。「先生、うちの子をいつもいじめる同級生の某君がいます。できるだけ早く、某君の**家庭訪問**をなさったほうがよろしいかと思います」と。しばらくして、教師から連絡があるでしょう。「いやー、家庭訪問をしてよかったです。某君が荒れるのも無理がない**家庭の事情**があったんですねえ」と、先生は言うことでしょう。ほどなくして、借金取りから夜逃げをしたとか、両親が離婚したとか、母親が精神を病んでいて入院したとかの噂話が流れてきて、い

じめていた某君も精神的につらかったのだろうなと想像されます。

　私も、家庭訪問をしたケースで、玄関に入るなり、白壁に人糞が塗られていて、度肝を抜かれた経験があります。ご主人から、奥さんは長い間精神科に通っていますが、最近悪化したようすがあると聞きました。それが子どもの精神活動に影響したと考えるほうが、理屈にあいます。

◆おい、あの子には手を出すな

　宮崎県のお母さんからの報告です。

　ダウン症の娘が学齢期となり、地元の小学校に入学しました。親の心配はどこ吹く風で、毎日、楽しそうに学校に通いました。半年もすると、どういうわけか、学校中の生徒の**人気者**になり、学校の登校下校では、二階から上級生も、「○□ちゃーん」と名前を呼びかけて、手を振っていました。

　まもなく、別のルートから、学校内のある情報が流れてきました。その小学校では、学年ごとに、ガキ大将がいて、教室内ににらみをきかせていたそうです。面白いことに、学校全体を仕切る総**番長**は６年生かと思うと、そうではなくて、そのときは、４年生の男児が、全体を締めていたそうです。よほど体格がよいのか、度胸が並外れてあったのでしょう。その番長が、各学年のガキ大将に召集をかけました。集まった暴れん坊たちに、こう言いました。

　「みんな、１年生に○□ちゃんという女の子がいるが、いじめちゃいけんぞ」

　番長と１年生女児とは、接点はなかったはずでした。「なぜ？」と当然な疑問を子分が発したら、「あの子は、よういじめられんけん」と言ったそうです。後に、子分の一人が、家で親に語った

め、その父兄から、ダウン症の女児の母親に、こんなことがあったんよ、と告げられたそうです。

普通人の社会で、ダウン症児に平気で差別をしている人たちに言いたくなります。あんたたちよりも、この番長のほうが、人間性において、よっぽど上等だよと。

◆離乳食とおとぎ話

離乳食について、間違った情報が流れたことがありました。ある親の会から出ている会報に、それが掲載されていました。噛むことがいかに重要かを強調する論調を進めて、乳児に噛むことを教える必要があると説いて、食事を口に入れたら30を数えて、それから飲み込むようにしよう、と書かれていました。**乳児ができることを提案してほしいです。**

これを書いた人が実地に離乳食を与えた経験がないことは、すぐにわかりましたが、まさかそれを信じる医者が出てくるとは、予想もしませんでした。都内の大病院のダウン症児を集めた外来で、離乳食の指導の中で、30回噛んでから飲み込むという指導が行われていたのです。噛む回数が一致しているのでは、かばいようがありません。おとぎ話は、あくまでもおとぎ話として無視しましょう。

◆離乳食ともぐもぐ動作

乳児は、食事について正直そのもので、不味ければ吐き出します。美味しければ飲み込みます。離乳食のようすを観察すると、大概は**丸のみ**をしています。適切な料理と量の調整で、丸のみでも健康に被害はありません。奥歯が生えそろって、上下の臼歯をかみ合わせることができるのは、3歳からと言います。それまでは丸のみ

をするため、わんこそばに似て、リズミカルにスプーンが往復します。1枚目の皿の料理が済んで、2枚目の皿に移ったら、そのリズムが乱れることがありました。乳児がもぐもぐと時間をかけて、上下の歯槽で食べ物をはさんで、つぶしているのです。そのこころを読み取るのは、母親の特権です。

　食べ物においしい味がついていると、まるのみしても乳児は満足です。しかし、なぜ、**もぐもぐ動作**をしているのかについては、さらなる推理が必要です。答えは、歯茎を使ってすりつぶすと、食べた物の中から、**おいしい味わい**がしみ出てきた、と乳児がきづいたからです。丸のみするよりも、モグモグとすりつぶして、**一層おいしい味**を楽しんでいるのです。将来のグルメかもしれません。

　いずれにしても、母親の料理が乳児から褒められている、というのがモグモグの意味です。そうした動作が見られたら、乳児に「よく噛んでえらいね」と**声をかけ**ましょう。離乳食を数カ月続けていると、もぐもぐ動作が噛む動作と同じ意味である、と児がきづくときが来ます。それから、「はい、噛んでね」とお願いするのは、母子がたがいに理解できているので、望ましい噛む動作を見ることになります。

◆新しい味の刷り込み

　ダウン症乳児に離乳を開始するのは、ふつう生後6カ月に入ってからとされます。初めての親御さんだったら、経験ある祖母に助言を求めればいいでしょう。ここで、赤ちゃんの身になって、母乳、人工乳以外の味を持つ食べ物が、初めて口に入った瞬間を想像してみましょう。おそらく、びっくりしたはずです。味と匂いが舌と鼻の粘膜に張り巡らされた感覚器官を最大に刺激するでしょう。幸

い、赤ちゃんの多くは、吐き出さないでいます。訳が分からないままに、嚥下さえしています。

こうして、新しい味を記憶します。脳に記憶されるので、**刷り込み**と表現されます。刷り込んだ情報は、以後の食生活に役立てられます。刷り込まれた味は死ぬまで、食べてよいという分類にむすびついています。この刷り込み現象は、おそらく**月齢 12 カ月**に入る頃に終了を迎えます。

それ以後の新規の味は、とにかく拒否されます。吐き出します。大方の大人は、初めてビールを口にしたときの経験を覚えていることでしょう。「苦ーい」としかめっつらをしたはずです。離乳期に、親がこっそりと、ビールの泡を赤ちゃんになめさせたらどうなるか、想像するだにおそろしい。食習慣の基本となる味わい分けが、とても保守的であるのは、知らない味は警戒して飲み込まないのが安全だといえるからで、西日本の人たちの多くが、納豆を食するのを苦手としているのも、この時期の刷り込みの欠如に影響されていると考えることもできます。

◆食べ物の好き嫌い

野菜を食べてくれない、肉を食べない、果物を一切うけつけないと、苦情を言い立てる母親に助言をすることも、療育にふくまれているようです。

まず、食べ物を摂取する本当の意味をしっかりと把握するべし。栄養学的に、身体が求めている食材を摂るのが理想的です。特定の栄養素が不足してくると、身体に不調をきたします。ふしぎなことに、赤ちゃんは栄養素の一つが欠乏してくると、自然にその栄養素を豊富に含む食材を選んで食べるようだ、と言われています。そこ

では、食べ物の形や種類は問われません。必要な栄養素が摂取されることだけが重要です。

例えば、鉄分欠乏性貧血とわかって、トマトを食べさせようとしたのに食べないので、親が激しく悩んだり、落ち込んだりする。これはお粗末です。トマト以外の食材があります。それを順番に試していると、バクバク食べるものにあたることでしょう。ほうれん草でも、焼き鳥レバーでも、牡蠣でも、どれかをパクパクと食べられたら、問題解決です。野菜が嫌いであっても、カレーが好きだったら、大いに利用して、食べてもらいましょう。嫌いな野菜をわからないように刻んだら、カレーに入れて、とろとろに煮込んでしまえば、児は喜んで食べています。母親は、それを見て、ほくそ笑んでいればよいのです。好きな食べ物として、ハンバーグとかコロッケとか、都合の良い料理は結構あります。

◆**強制的に好き嫌いをなくする**

昔のことですので、今では実行されていないことを望んでいる体験記憶があります。

K県の保育園園長による摂食指導の特別講演会があると聞いた親御さんが、私を誘い出して、講演を聴くことになりました。園長の自信に満ちた語り口には、聴くほうも思わず、姿勢を正したくなりました。園では、食べ物の好き嫌いをする子どもには、すべて、それが克服されるまで、熱心に取り組んでおられていて、その体験談には、つい聞き入ってしまいました。それほど、平静な気持ちで聞けるお話しではなかったからです。

この園では、子どもが好き嫌いで食べ残したら、残したものを強制的に口の中に大人が入れるそうです。そして、子どもが嚙まな

かったら、顎のとがったところに指をかけて上下に動かします。飲み込まなかったら、鼻をつまんでも飲み込むまで待ちます。強い意志を感じました。さて、子どもが嘔吐した場合です。吐しゃ物を全部回収して口に入れ、飲み込むまで顎を大人が抑えつづけるという強烈な内容でした。まわりを見ましたら聴衆は、だれも黙って聴いていました。

　私は、児の立場につい感情移入してしまい、吐き気を抑えるのに四苦八苦しました。このやり方で成功率が百パーセントだと、園長は鼻高々でした。その圧倒的なオーラの前で、自身の無力さに情けない思いを抱いて、だれか、園長に対して、そのやり方には絶対反対だと言ってくれないかな、とさらに思ったことで、自己嫌悪感にとらえられたのでした。

◆友だちに手を出すダウン症児

　ダウン症児が保育園・幼稚園に入ると、新しい生活と経験が始まります。児のこころに多種多様な働きかけを受けるので、急激な成長と発達が起こり、親御さんが目を細めることになります。ダウン症児のほうは、毎日が新鮮で、頭脳を最大に働かせる環境に浸っています。たがいに初めて出会った子どもたちは、文字通り、手探り状態で交わりをします。意志伝達がうまくいかないと、相手の髪の毛をひっぱったり、手を強い力で叩いたり、肩にかみついたり、顔に指をのばしてつかもうとしたり、たくさんの事件を起こします。でも、根底にあるのは、相手のこころの状態を知りたいという欲求で、そこから引き起こされた不適切な行動なので、対処をしなくてはなりません。

　こうした子どもの行為に対して、大人が介入して叱るのも、ある

程度の教訓となりますが、叱られると無関心の壁をさっと張り巡らせるダウン症児の心理防衛機序の前では、そこそこの効果しかあげられない、と関係者は知っておくとよいでしょう。それよりも、当事者である被害を受けた児と、さらに周りに居合わせた児童も加わって、やってはいけないことをやったダウン症児を、数人規模であっても、みんなで取り囲んで糾弾すると、短期間で効果が発揮されます。

　まるで、**集団でいじめる**のと同じではないか、と言われるでしょう。そう、同じです。そして、これは教育の効果を上げる有益なタイプの**いじめ**です。悪意がある集団いじめには、ノーと言います（「**学校のいじめと抵抗性**」の項参照）が、子ども同士で議論しながら解決をめざしている行動は、容認されるし、むしろ歓迎すべきことです。ダウン症児のこころは、大人が叱ると閉ざされ、子どもが非難すると、ダウン症児も「ごもっともです」と反省しがちです。こころに傷がつかない体験なのでしょう。

◆「**痛いは文化**」

　ときどき、親御さんから、「ダウン症の子どもは、**痛みに鈍感**ですか」と質問されます。痛みという不快な感覚が脳に届いたら、通常は、その刺激源から遠ざかろうとします。この回避行動が、ダウン症児にはあまり明白に見られないので、痛みに鈍感なのではないか、と疑われたのでしょうか。

　観察してみると、痛みの感覚は確かに脳に届いているようですが、それを受けた身体から発される表現のレベルで、普通の児とちがう点がありそうです。それは、痛みを訴える動作が洗練されていないことと関係がありそうです。きちんと教えると、普通の子ども

と同様に痛みを訴えます。教えると学習する価値観を含んだ行為のことを**文化の活動**と言います。したがって、痛みは文化であると表現できるかもしれません。

　行楽地の無人島に見られた、野生の猿のイモ洗い行動が、短期間に全部の猿に広まったという有名な研究があります。これは、イモ洗い文化の伝播と呼ばれます。では、痛みの表現は、前提としての学習が必要なのでしょうか。

　わかりやすい例として、プロサッカー選手の訴え方をとりあげましょう。ファウルされて、グラウンド上で、選手は痛い箇所を抱えて、のたうち回ります。神経自体が痛みを引き受けていたら、そこまで痛がっているのが了解できますが、レフリーが笛を吹いて、試合続行したとたん、選手が飛び起きて、サッカーボールを追って走っています。痛みが生理学的に決定されていたら、走れるはずがありません。本当に痛いという感覚は、もしかすると5秒ももたないで、きえてしまうのかもしれません。それよりも長く持続する痛みは、文化の産物として受容してあげるべきではないか。あのブラジルの名選手ネイマールは、痛みのジェスチャアについて、「本当に痛かったんだぞ」と何度も試合後に強調しています。「**痛いは文化**」の説を支持しているようなエピソードです。

　ここで痛みの文化に言及したのは、成人してから発生するダウン症者の痛風のことがあるからです。ダウン症の原因である過剰な21番染色体の役割は、遺伝子的にも詳しく研究されています。その上に配列された遺伝子が、尿酸という化合物を体内で生産するメカニズムに関与していると考えられています。ダウン症では、この遺伝子を過剰にもつため、子どものときから、血中の尿酸濃度は高い傾向を示しています。10代になると、異常高値がみつかります。

20代前半で、**痛風**の発作を起こした人もいます。これらの青年に共通しているのが、**痛い**と言わなかったことです。言えば、医者も尿酸値に注目するのですが、「**痛いは文化**」を学習していないと、痛みは伝えられません。

◆予測による行動

生まれて間もなくダウン症の告知がされるというのが、ほとんどの事例を占めます。そのとき、ダウン症についての情報は、簡単に手に入りません。まず、親御さんとしては、ダウン症について学ぶコースのあちこちぶつかりながら進むことになります。求める情報は、平均的な数値というよりも、今親の手の中にいる乳児の現実的な健康管理、発達の予測、必要な教育と訓練を知りたいというのが、本音です。「療育」という用語がすぐ親御さんの耳に入ってきますが、内容となると見当もつきません。しっかりした**療育**のコースに入ることで、先の人生の行路は、大きく分かれるかもしれません。

地方自治体の努力で、各県に**療育センター**があります。ダウン症乳児の親が、電話をかけて、指導や相談を申し込んだら、一様に、こう言われています。

「まだ生まれてまもないのですね。1歳を過ぎたら、普通の子と比べて、遅れが目立っているかもしれませんので、そうなったら、連絡をください」

まるで、ダウン症児は、発達に遅れがないといけないみたいな言い方です。しかも、**遅れが目立つ**ほどになってから、発達の専門家が相談に乗るという論理です。子どもの遅れが生じるのを待っていることがおかしい、とは思っていない姿勢です。遅れが起こると**予**

測されているなら、先手をうって、**発達の遅れがまだ目立っていない**時期に、適切な訓練をするという対応の仕方は、意外にも医療世界では真剣に検討されていません。誰が見ても明らかな**病気**があったら診るのが医者の姿勢なのです。

予防接種の**予防**という姿勢も、予測に似て非なるものと言えます。予防接種も、検疫も、水質衛生管理も、一定の範囲内にいる人のすべてを対象としています。**個々人**の事情に応じて、接し方を変えるやり方ではありません。ダウン症の早期の「療育」は、近い将来に起こりそうな事態を**個々人**の事情に応じて、リスク評価して、その解消を計ろうとするので、**予防**と区別して、「**予測**」と呼ぶことを、私は提唱しました。**育児**など**予測**育成そのものです。この姿勢は、**教育**を受ける際にも有用でしょう。

◆**消費者運動と軌一**

療育センターに電話をかけたダウン症児の両親は、医療の中身を知らなかったので失望しましたが、逆に現実について学んだとも考えられます。両親が動くことで、ダウン症に関連する医療、療育、教育、福祉の実際の姿に接することが多くなり、それにともない、両親の教養の幅がひろくなってきた、と褒めています。ダウン症の療育を展開する中で、いわゆる**消費者運動**と一脈通じるものがあると感じています。

購買する側の鑑識眼が上達すれば、質の良い買い物をするようになります。子育てに主体的な役割を果たす親御さんに、正しい医療、正しい教育を選択して、良い結果を享受してもらいたいと期待をしています。間違った医療、間違った教育も存在するので、行き当たりばったりの態度は、良くないと思います。提案された医療

サービス、教育サービスに直面して、その質が良いか悪いか、見分ける力を身につけることは、何より大切なことです。この点で、消費者運動と区別がないと言えます。

療育センターに通う乳幼児で、多いのは、脳性運動麻痺の子どもです。彼らには、小児神経科の先駆的研究者の努力により、有効な治療計画が用意されています。この分野での方法論は、**予測**の色彩も帯びています。放置していると、良い運動ができなくなると**予測**が立ち、そのような状況に陥ることがないように、訓練計画が実施されます。

しかし、同じ**予測**に基づくアプローチが求められるダウン症は、脳性運動麻痺とまったくちがいます。ダウン症で有効だったアプローチが即脳性運動麻痺の子どもにも有効という保証はありません。その逆も同じです。この理屈は、自閉症の子どもについても、通用します。三者それぞれの特徴的な障害があり、個別の障害として取りかかるしかありません。別の障害で有用だった方法論を安易に流用しても、失敗するだけです。

◆一人暮らしのこと

親は、ダウン症児が成人して、一人で暮らすことに想像をめぐらし、もんもんとします。まるで将来のことは定められたコースをたどる、と思い詰めたようです。

ですが、人生はまだ決まっていません。先の先まで計画を立てていても、そうならない可能性のほうが大きいのです。まず、文字がよくない。一人で暮らすと文字表現されますが、純粋にその暮らしをしている人は、稀です。目に見えなくても、周りの人と絆を持って生活している人のほうが圧倒的に多いのです。ダウン症の場合、

独立性を問う向きがあるかもしれませんが、これも純粋に独立している人は稀だと気づけば、悩みは相当軽くなります。

アメリカのロスアンゼルス市に住んでいるダウン症の女優アンドレア・フリードマンさん（Andrea Friedman）は、父親に5年がかりで、自動車運転の技術を教え込まれました。弁護士の父親に言わせると、あのような大都会で、自動車で移動できないという状況は、最下層の人よりも悲惨を意味している。だから、たとえダウン症であっても、最低限運転できるのが当たり前、という信念をもっていたそうです。父親以外は、すべての人がこぞって、彼女に運転を教えるなど絶対反対、と言ったそうです。今では父親以上の収入を稼いでいる彼女は、ドイツ製の外車を現金で一括購入しました。実家と離れたマンションの一部屋を借りて、他の障害をもつ女性と共同で暮らしています。

日本では、高齢で知的障害がある人のための収容施設は、自治体ごとに維持運営されています。部屋数は、いちおう需要を満たすだけあるそうです。スタッフがいるので、一人暮らしではありません。グループホームを目指す人もいるようです。大規模なものから、一軒家までさまざまです。基本は、仕事をもっていて、通いのおばさんがいる形が多いそうです。これは共同生活になります。

ダウン症の人は、金銭管理を苦手としています。成年後見人制度がありますが、利用するには法律にしたがわないとなりません。多くはありませんが、時々、後見人がお金をだまし取る事件も起こっています。どこまで信用するかが問題です。多額のお金を残してあげても、現実に使うことが出来なかったらどうしましょう。収容施設を訪問するとわかりますが、施設内に売店がありません。近所にコンビニ店が見えても、収容されている人に、買い物のために外出

する自由は認められていません。脱走できないように、各階をつなぐエレベーターも、解錠してからでないと動かない処があります。親に体力気力がある間は、できるだけ家族で暮らす時間を多く持つほうが良いようです。

◆死ぬということ

1970年代の調査で、日本のダウン症の人の平均寿命は、50歳以上とされましたが、最近になって、複数の外国の調査で、60歳と報告されました。かつてに比べて平均寿命がずっと延びたのは、幼いころの重大な疾患である心奇形や消化管奇形、また肺炎などに積極的な医療介入がなされた結果だとされています。高齢になると、肺炎で亡くなる人が多くなります。それも誤嚥に由来する肺炎ですが、一般人でも誤嚥性肺炎で亡くなる人は多いので、あまりちがいはありません。なにか、誤嚥を防ぐ良い方法があればいいのですが、これというものがありません。

家庭内で家族の一員が亡くなると、ダウン症の人のこころは、強い衝撃を受けます。言葉数がすくなくなったり、亡くなった人の幻を見たり、まるで生きている時のようにぶつぶつ話をすることが、観察されています。亡くなったという事実を、きちんと生活の中で、けじめをつけることは大切です。葬式を行うことの意義として、同様なことが言われています。

人の生き死には、誰にとっても切実な体験となります。小さな生き物を飼っていたら、その経験を生かしてほしいものです。一般に小動物は短命なので、死んだときにきちんと簡単な葬式のような行動をとってもらいます。金魚が死んだら、庭に埋めて、小さな墓標を立て、その前で手を合わせるということを教えます。生命に終わ

りがあるという認識をきちんと教えます。こうした教育を受けたダウン症児は、小学校高学年になると、いきなり親に向かって、「死なないで！」と言葉をかけます。

　人は皆いつかは死ぬのだとわかると、あたまをかかえて「死ぬのは嫌だー」と苦悩するダウン症成人の例は、まだ聞いたことがありません。

第11章　ダウン症の重度障害

◆**療育の効果が期待できない児たち**

　これまでの記述は、ダウン症児のほぼ9割近くに当てはまる、発達に関する情報を提示してきました。この章では、少数派の、療育に抵抗するダウン症児の集団について、検討を加えます。積極的な働きかけが発達に良い影響を及ぼすという指導を、まじめに受け止めて、乳児期から、療育の実践に汗を流してくれた親御さんたちは、多数にのぼります。

　その中から、じつは、思ったような発達が導き出されなかった事例が出てきました。継続して診察記録を取り続けていると、見えてくるものがあります。まず、乳児期から視線があわない、身体全体がいつもぐんにゃりとしたまま眼前におもちゃを提示しても見ないし手も出さない、ツボを突いても身体を動かすまでの時間がかかる、音楽に合わせて身体を揺さぶっても喜んだようすもなく反応がない、こういった兆しが乳児期に観察されると、療育指導を担当する身として、胃がギュッとつかまれたように感じます。

　ありとあらゆる想像力を駆使して、ダウン症児の感覚に良い刺激を入れようと努めるのですが、思ったような改善は見られません。てんかんが見逃されていたのかと脳波検査を依頼して、結果は異常なし。いっそ、脳波に異常ありとされたほうが、医学的に情報の整理整頓がそれなりについて、発達を促す計画も立てやすいのに、と

思ってしまいます。甲状腺機能低下症を伴う橋本病と診断される場合もありますが、つねに診断がつくとは限りません。原因不明の重度の発達障害は、どこから手を付けてよいかわからない場合がほとんどで、きっかけをつかむのも、僥倖に任せるしかありません。

小学校・中学校の学童期まで順調に育ち、発達して、言葉を理解して会話ができ、社交的な行動ができたのに、突然言葉を失い、昼夜逆転して行動が支離滅裂になるのは、ほとんどが退行現象であり、対処方法があります（第7章に既述）。乳児期から発達が著しく遅いケースは、退行ではありません。知能発達を担う脳の神経系の統合性の働きに障害をきたしています。

最近になって、この状態に対して、ダウン症に加えて「自閉スペクトラム症」という用語を当てはめることがあります。本来、自閉症と考えられる発達の障害のありようは、周りの人への無関心、視線をあわせない、相手の気持ちがどうなのかを無視する、たがいに言葉をやりとりすることができない、用事があるときは相手の手首をつかんでその手を道具のように操作しようとする、などがあげられます。染色体異常はありません。子どもが育っていく中で大事な心の分野である情操の発達に支障があるとされます。

一方、ダウン症児では、一般論として情緒障害はみられません。情緒とは、喜怒哀楽で表される気持ちの動きです。ダウン症児のほとんどは、かわいがれば笑い、叱られるとべそをかき、痛い目に合うと泣きます。それを見て、情緒発達は正常だろうと判断します。

◆少数の重度障害児

ところが、ダウン症乳児の中に、稀に、平均的な感情反応を示さない子どもがいます。おそらく5％前後でしょう。統計的数字があ

りませんが、海外の医学者と議論する中で、この数値は外れていないだろうと了解されています。

この稀な子どもにさまざまな療育をぶつけても、普通のダウン症児と比べて、思ったような成果が上げられません。保育園、幼稚園の年齢に進むと、ますます幼稚な点が目立ってきます。言葉のために工夫された教材を使っても、これと言う反応がありません。どんな人形やアニメのキャラクターに興味をもっているかと観察しても、特定できません。そのように、特別な関心事項が見つからないのも特徴的です。

学齢期になり、小学校の進路を選択するとなると、日本の環境では、特別支援学校を選ばざるをえません。その後も、言葉の発達のきっかけもなく、うーうーとうなり声ばかりで過ごします。音楽に反応することがあると、療育の観点からは、突破口になるかもしれないと、やる気が高まります。それでも、音楽療法、リトミック療法などを受けて、これと言う発達をすることはありません。ゆっくりとした判断力の形成は認められますが、読み書きの能力が確かな発達を見せることもありません。

一体、この背景にどんな病的機序が横たわっているのでしょうか。いまだ解明されていません。合併症を探すことは欠かせません。グルテン不耐症とか橋本病とか、見つかることがあります。でもその割合は微々たるものです。

◆自閉スペクトラム症という用語

永年ダウン症の息子の発達を願って努力を重ねてきた母親の告白です。

「あれが良いと聴けばそれを採用し、できることはすべてやりま

した。でも毎日ため息をつくばかりでした。その時、自閉スペクトラム症という文字が目に飛び込んできました。一読して、アッ、これだったのかと、今までの欲求不満感が一度に解消された思いをしました。自閉スペクトラム症だったら、普通の療育で改善するはずがない、と納得しました」

　彼女はとても平安そうな顔で言いました。これを聴いて、余計な言葉が口から出ました。「ダウン症プラス自閉スペクトラム症という説明は、言葉のうえで理解しても、実際の子どもの発達の糸口を探す作業は、これまで通り続けましょう」

　母親の永い悩みが多少でも軽くなったことを喜ばないままに、苦言を呈したことを、後悔しました。

　重度の発達障害があるダウン症児の扱い方は、そうでないダウン症の子どもと一線を画します。耐え忍び、粘り強く、発達の素材を探します。どんな些細な手がかりでも、もしかしたらと受け取り、実践で利用できるように工夫をします。シマジロウのDVDが大好きとわかったら、シマジロウの人形を買って、親子の会話の場で人形を持ち出して、子どもの関心度を高めます。

　10代になると、環境から少しづつ学んでいくようすがみられます。進歩は限定されていますが、集団行動をとれる子どもが増えてきます。仕草に特徴があって、指やハンカチをいつまでも振りまわす常同行動が観察されます。突然、はげしく手足、頭部、首を振り回すことが起こり、近くにいた友だちが巻き添えを食って、飛ばされたりするほどです。意味が分からない激しい動作は、自分の順番が来るのを待って列に並んでいるときに起こりがちです。緊張のエネルギーがたまりすぎて耐えられなくなったため、そのエネルギーを大きな動作で振り飛ばしているように見えます。

一部の動きは、チックと呼ばれることもあります。観察していると、ときに、知覚過敏症が目立つ人も認められます。音をやたら小さくしないと安心しないとか、部屋の窓を閉じるのが何よりも嫌だという態度が見られます。広汎性認知能発達障害がある児の特徴でもあるので、共通な病態が隠れている可能性があります。

◆希望を捨てないで

　高等部に進学した重度障害のダウン症少年が、目に見えて行動抑制ができるようになりました。学校の先生がとてもやさしくて、そのおかげでしょう。本児もおだやかに接するようになり、手をつないで長く過ごすこともできました。このように、すさんだこころに寄り添ってあげる人物が出てくると、てきめん、対人関係の行動が改善することがあります。

　このような改善を見ることがあるという事実は、あきらめずにいれば、本人のこころを癒す手段が、いろいろな場面で偶然に見つかる可能性があります。重度障害のダウン症児でも、人間としての基本的な行動には、ひどい偏りがなく、頻繁に表れる奇妙な行動でも、人との交流の中で、こんな思いをしたからやっているのかもしれない、と想像をすることが可能な場合も、少なくありません。例えば、おなかが空けば食べます。こだわりが強いので、食材の一部をかたくなに口に入れようとしないかもしれません。でも、好きな食べ物だと食べます。本児の好悪の感情が読み取れます。感情を読み取り、それに沿って、こころが通じるようなやりとりができるように導いていくことは、正しい療育の姿勢です。いつでも、療育の精神を忘れないで、児と接することが大切です。

　自閉症の研究が進んで、ごく一部の児童には、特別な薬物を投与

して効果を見た事例も出てきました。さらに、チックを抑制する効果の薬剤の開発が進められています。これらの薬剤が、ダウン症で重度障害がある子どもへ応用される日がいずれ来ると思われます。薬剤を用いて、人間の行動を律することの倫理的議論を踏まえて、重度障害のダウン症児が、人間的な生活の能力を獲得向上させることは、歓迎すべきでしょう。

　ある日、このタイプの 15 歳になる男児の母親が、ぽつんと言いました。「善い発達をしているダウン症児の情報は、それはそれで結構な話なんですが、うちの子のなんか 10 年以上、発達が低迷したままでいるので、なんとかならないかと思ってしまいます。どこかのお医者さんで、重度障害のダウン症児だけの治療法を考えてもらえないのかしら」。さらに、「世間にダウン症のよいイメージがひろまっていくことは反対しませんが、ごく一部に、ひどく重い発達障害のダウン症の子どもがいることを、忘れられたくないです」。

◆言葉がなくてもコミュニケーション

　言葉の発達障害については、ダウン症児に限らず、すべての子どもたちの世界で、解決すべき課題としてとらえられています。言葉はコミュニケーションの主要な手段です。

　喉から出る音響を特別に高度化したのが、人間の声、言葉です。言葉のひとつひとつには意味が込められています。この意味を込めることを理解していないと、本来の言葉の役割を声に課することができません。相互の理解が成立して、言葉の意味が生まれます。人間同士の交流で、言葉の意味が進化します。幼時期に、子ども集団に参加して言葉のシャワーを浴びることで、言葉を理解し、使い、さらに向上させていきます。だれもが沈黙している環境で、子ども

を育ててはいけません。感情が込められない言葉もまた役割を果たせません。コンピューター機器から言葉が出されても、ニュアンスがまったくちがうため、違和感をまぬかれません。情感を豊かに含んだ言葉かけが、言葉の発達の王道となります。

　さらに扶助的に機能するのが、手ぶり身振りです。イタリア人は手で会話すると言われます。かって、日本の放送局が、ヨーロッパに若い人を2人派遣して、各国を旅させました。その2人は外国語を全く話せなかったそうです。その状況で、長い旅路を録画し、たがいに言葉が通じない見知らぬ人同士で、どうやって相互理解ができたのかを分析したら、計算上、コミュニケーションの70％以上が、音声を使った言語は使われないで済んだそうです。重度障害のダウン症児の発達を目指すにあたり、言葉以外のルートからも知的発達のはたらきかけをするとよい、という証明にも受け取れます。

おわりに

　ダウン症の療育について読まれてきた方には、そのカオスの状態に、びっくりしたことでしょう。親が子どもの成長と発達に責任ある関わりを保つ限りは、あらゆる人生の局面と向かい合うしかありませんし、相談相手の医者も、自分の領域ではないと拒絶することもかないません。親御さんも医者も、ともどもに混乱の渦に飲み込まれるのも一法かもしれません。歴史の流れは、混乱しているようで、後から見れば、理性が反映した場面も少なくないと思います。

　日本のダウン症児をかこんでいる教育環境は、見る立場がちがえば、高い評価ができるでしょう。私は、アメリカの状況と比較検討する機会に恵まれたので、それぞれの長所、短所に目がいきます。アジアの精神というか、大きな権威に寄りかかる傾向を日本にいると感じます。アメリカの精神は、個人の自由を究極まで追い求めるところにあるようです。日本の優れた精神を、調和という言葉で表わそうという思想もあります。

　ダウン症の子どもの未来を切り開こうとする仕事に従事してきた身としては、日本の調和志向の精神は、まだ成熟していないレベルの要求に思えます。本書では、今という時点で正しい教育をダウン症児に与え続けることで、立派な成人を現実に出現させうるし、実際にできたことを伝えました。そのことを、40年以上の観察研究の結果として、本書に記述しました。ダウン症の幼児が、成長の過程で、普通の児に負けないか、優れている知恵を示していたのが、途中でたちまち知能障害の世界に落ち込んでしまうことを、何度と

なく経験しましたが、そのときあきらめずに、その原因を探り続けてきました。児に原因はみつかりません。環境に原因があるとしか考えられません。

それほど世間にあるダウン症への偏見と差別は、圧倒的な力を発揮しています。その発現が、学校という場で特に明瞭化してくると、これは個人の手に負えないかも、と思いました。ところが、その中で、負けずに戦っている親御さんの姿を目にして、恥かしさがわいてきました。特に海外生活を経験している親御さんにその姿勢がより色濃く感じられます。国際的センスで対すると、国内事情によるなれあいの関係が、とげのように痛みを生じさせます。

日本語ではなく、英語でYogo Gakkoと言われたときは、ショックでした。その後、特別支援学校の看板に換えられた背景については、今でも疑念をいだいています。日本流の偏見と差別を知れば知るほど、妊娠女性が出生前検査・診断に向かおうとする心理もわかります。ところが、マスメデイアでは、この差別感情の切実さを正確に伝えていません。ダウン症の人は幸福を感じて生活しているとしか報道しません。差別を受け続けて生じた退行の対策法が、多くのダウン症の家庭に届けられる日はいつのことか。そして、成人してからも、就職困難、不当な低賃金労働にさらされます。ダウン症のこころ、**社会の偏見**、未来の**選択肢**の制限を、海外の情報を交えながら述べました。できるだけ、これらの課題のおたがいの関係を、わかりやすく本書で描きだすつもりでしたが、表現力の不足を嘆いています。

療育の仕事は、徹底して**リアリズム**の認識で展開されます。おとぎ話がまぎれ込むすきはありません。

最後に、ダウン症の乳幼児の親御さんに、外来で、手渡しを始め

たパンフレットの記事内容を列記して、知っていただきたいと思います。

　"これからの**注意点**"と題して、
　教育は、学校に任せない
　家でやる教育は、**こどもの学習の喜びを親が共有すること**
　小学校、中学校、高等学校、大学と、普通の子どもと同じように入学・卒業できることを**信じること**
　このことは実例に基づいて、助言している
　子どもが抱く**興味**をより大きくなるように育てる
　世間には、ダウン症に、**ものすごい偏見と差別**があること
　差別の最もわかりやすい表れは、学校という場所であること
　子どもが育ち、自分の人生に不幸を感じると、親もそれを感じるが、学校の教師や病院の医者は、そうではないという現実を直視する
　人間性を育てることが、大目標

ダウン症のこころ

■著者略歴■

飯沼和三（いいぬま・かずそう）
1944年　広島市に生まれる
1970年　東京大学医学部卒業
1972年　国立遺伝学研究所文部教官
1976年　静岡県立こども病院医長
1984年　南アラバマ大学臨床遺伝学科准教授
1985年　国立小児医療研究センター室長
1994年　愛児クリニック院長　現在に至る
主要著書　『ダウン症は病気じゃない』(大月書店)、『ダウン症の療育相談』(大月書店)、『先天異常を理解する』(共著、日本評論社)、『隠れた天使』(翻訳、同成社)、『ダウン症の性教育』(監訳、同成社)ほか

2019年5月30日発行

著　者　飯沼和三
発行者　山脇由紀子
組　版　㈱富士デザイン
印　刷　モリモト印刷㈱
製　本　協栄製本㈱

発行所　東京都千代田区飯田橋4-4-8　㈱同成社
　　　　（〒102-0072）東京中央ビル内
　　　　TEL 03-3239-1467　振替00140-0-20618

Ⓒ Iinuma Kazusou 2019. Printed in Japan
ISBN978-4-88621-824-7 C3037